高职院校文化育人的多层透视

张慧　著

西北工業大學出版社
西　安

【内容简介】 本书包括导论、高职院校定位与人才培养规格探析、高职院校校园文化建设现状与对策分析、高职院校文化育人的主要路径、高职院校文化育人效果评价与方法建议以及新时期高职院校文化育人创新研究共六章内容。

本书可作为高等院校和其他从事相关工作人员的参考书。

图书在版编目（CIP）数据

高职院校文化育人的多层透视 / 张慧著. -- 西安 : 西北工业大学出版社, 2020.6

ISBN 978-7-5612-7131-5

I. ①高… II. ①张… III. ①高等职业教育－文化素质教育－研究 IV. ①G718.5

中国版本图书馆 CIP 数据核字(2020)第 096915 号

GAOZHI YUANXIAO WENHUA YUREN DE DUOCENG TOUSHI

高职院校文化育人的多层透视

责任编辑：雷　鹏　李　萌　　　　策划编辑：李　萌
责任校对：张　潼　　　　　　　　装帧设计：吴志宇
出版发行：西北工业大学出版社
通信地址：西安市友谊西路 127 号　　邮编：710072
电　　话：（029）88493844　88491757
网　　址：www.nwpup.com
印 刷 者：北京市兴怀印刷厂
开　　本：710 mm×1 000 mm　　1/16
印　　张：11.75
字　　数：234 千字
版　　次：2021 年 1 月第 1 版　　2023 年 4 月第 2 次印刷
定　　价：68.00 元

前　言

文化建设是学校整体建设必不可少的重要组成部分，现代学校文化是凝聚和激励学校全体成员的重要精神力量，是学校发展的强大内驱力。加强现代学校文化建设，有助于形成有特色的现代学校文化，是推进教育创新的灵魂。文化，深深熔铸在民族的生命力、创造力和凝聚力之中，是一种软实力。文化建设具有十分重要的意义，不论对经济发展、政治稳定，都具有不可或缺的作用。文化建设与社会进步紧密相连，经过漫长的积累与演变，它已经成为推动经济发展的重要支撑，成为综合国力的重要组成部分，同时也代表着一个国家和民族的文明程度与发展水平。

当今世界，文化与经济、政治相互交融、相互渗透。越来越成为综合国力和国际竞争力的重要组成部分，国家的发展和强盛，民族的独立和振兴，人民的尊严和幸福，都离不开强大文化的支撑。一个国家如果没有自己独特的文化，不可能屹立于世界民族之林而长盛不衰。尤其是中国这样一个历史悠久、文化积淀深厚的世界大国，文化更应当随着自己的国力强盛而影响全世界。

本书围绕高职院校文化育人研究，在内容编排上共设置六章，分别是导论、高职院校定位与人才培养规格探析、高职院校校园文化建设现状与对策分析、高职院校文化育人的主要路径、高职院校文化育人效果评价与方法建议以及新时期高职院校文化育人创新研究。全书内容充实，结构新颖，从理论和实践两个维度出发，在阐述文化与高职院校文化内涵特征的基础上，结合高职院校文化育人的方法与策略，对高职院校文化育人路径进行探究；在阐述挖掘高职院校育人工作面临的现实困境的基础上，从文化育人、课程育人、实践育人三个角度有针对性地提出实践路径，以期为高职院校文化建设工作的推进提供有益指导。本书的撰写得到了许多专家学者的帮助和指导，在此表示诚挚的谢意。

由于水平有限，书中所涉及的内容难免有疏漏与不够严谨之处，希望各位同行、专家多提宝贵意见，以待进一步修改，使之更加完善。

著　者

目　录

第一章 导 论

文化建设是学校整体建设的核心部分，现代学校文化是凝聚和激励学校成员的精神力量。本章以文化与学校文化为切入点，阐述高职院校文化的内涵与特征、高职院校文化育人功能及其理论依据以及文化育人的时代内涵与现实意义。

第一节 文化与学校文化

一、文化概述

（一）文化的定义与结构

文化是人们借用一种符号、方式、样式表达一种情怀、意义、价值、观念，以心导悟，达到理解、满足、愉快、转变等效果的过程。广义上，文化指人类社会历史实践过程中所创造的物质财富和精神财富的总和。狭义上，是指社会的意识形态以及与之相适应的制度和组织结构。

荷兰哲学家冯·皮尔森致力于拓展文化概念并使之动态化，把文化概念拓展为“人对周围力量施加影响的方式”，于是“文化”成了人的生存方式的同义语。他强调，文化更应该理解成动词。

文化是一个多维度的概念，按照由抽象到具体，由隐性到显性的逻辑思考，精神文化侧重理念价值维度，制度文化侧重结构规则维度，物质文化侧重实物形态维度，行为文化侧重言行举止维度。四者之间相互融合，共同发挥作用。

（二）文化特征

对于文化系统，“文化分子”的作用是巨大的，所以对于他们的思想、行为、个人情感特别关注，确立了关于上述内容中的评判标准，认定其做法的正确性、善恶性。总的来说，就是认定个人的“伦理”和“道德”的崇高作用。在此基础上，对学校教师职业道德、学生行为规范进一步细化观察，在观察同时给予一定规范步骤，实现社会控制、传统力量、奖惩、批评等方法的结合，彰显有纪律的文化，完成文化的核心特征——规范。下面将对于文化的其他特征进行具体描述。

(1) 艺术特征。注重强调“艺术”这个词语的表达，不同于其他色调的表达特点，以“感觉”为主要的追求目标，强调带给人们最直接、最真实的情感体验，其中的艺术典例如文学、音乐、绘画、舞蹈、装饰……正是因为这个独特性，所以在各种文化分子交流过程中，这个特点最易区分也最易引起人们的注意。

(2) 科学特征。一个文化的文化分子针对周围的自然环境、历史传统、人事周遭进行深刻认识，并且在认识之上加以总结。对于这个特征的发展情况，最成功的要数“经验科学”。

(3) 工具特征。对于一种文化，要实现自身文化分子生存、求知等，必须要取得措施性帮助。从已有史料可以看出，关于工具特征最明显的便是“器用特征”。其最初始于旧石器时代，至今已经存在 100 万余年。从它悠久的历史可知，它是人类生产生活不可或缺的一部分，也可以清楚地认识到，在人类的生存文明中，“器用特征”具有不可磨灭的功勋。

（三）文化作用

1．导向作用

文化在很大程度上促进了社会变革。这种变革不仅有积极方面，也不只是对社会产生支持作用，其错误方面也需要得到重视。文化对于整个社会的变化发展起到不可忽视的作用。从文化内容方面，人们可以深入了解社会“是什么”，在此基础上做出正确的应对措施，得到具体的“应如何”，而且在人类历史进程中，一种旧的制度、旧的体制得不到继续发展时，往往出现一种较之前不同的以文化为主导的新的制度、体制。其中所表现出来的文化特点，作用巨大：①具有批判、否定、超越旧制度、旧体制的有力力量；②为产生一种新的价值理念达到构建新价值世界作铺垫；③增强人们的精神力量，提供理想、信念来源。

基于上述作用，可以看出文化被人们高度重视的原因，还有对于它为新的制度战胜旧的制度过程的“导向性”，也是其中重要因素之一。

2．规范作用

文化可以看成平衡社会、规范社会的工具，简单来说，是达到对社会常态的一种调控，下面将对上述说明加以解释。例如，当出现新的制度取代旧的制度、新的体制取代旧的体制时，将这样的运作理解为“非常状态”；反之，可以把新制度、新体制以后的社会发展运作理解为“社会常态”。

基于社会的关注点在“人”和他所处的“社会”，其中，每个人的生活状况都不尽相同，包括周围环境、自身素质、精神物质需求……正是因为这些不同的因素，使得社会中存在一定矛盾，而且呈现的形式是多种多样的，包括人与自然、人与人、人与社会等。

矛盾的多样性不仅局限在个人与社会之间，还包括人与自己之间，其中最突出的表现是“人自身的情感欲望和理智的矛盾”。针对上述种种问题，必须加以重视，否则对于社会常态平衡是极其不利的。那么，如何缓和甚至解决这些矛盾？从人类社会发展历史方面，解决的主要力量在于“文化”，通过对文化的使用，扩大文化影响力，推动文化对于矛盾的化解。

文化包含法律、理想、道德、礼俗、情操……这些内容正是解决社会主体“哪些可以做”和“哪些不可以做”以及“应该这样做”和“不应该那样做”的方法。基于这样的考虑，对于上述多种文化的解决措施，要从文化出发，通过文化熏陶、教化、激励，从而达到先进文化的凝聚、润滑和整合效果，这样充满说服力、贴近民众的手段，带给人们以真诚、正义和公正，使得整个社会朝着健康、有序的方向进步，实现可持续发展。

3. 凝聚作用

文化是凝聚社会的黏合剂。文化虽然说是属于精神范畴，但它可以依附于语言和其他文化载体，形成一种社会文化环境，对人们产生同化作用，为人的价值观、审美观、是非观、善恶观涂上的“底色”，也为人的认识、分析、处理问题提供大致的基本点，不仅能够增长知识，陶冶情操，丰富精神生活，而且能够引领前进方向，凝聚奋斗力量，提升人的精神境界，推动精神文明建设不断发展，进而化作维系社会、民族生生不息的巨大力量。

4. 促进作用

文化对于经济来说，具有极大的促进作用，相当于一个“助推器”。文化对经济促进作用主要表现在：①文化的导向增加经济发展的价值，在经济制度选择、经济战略提出、经济政策制定方面做出了突出贡献；一定程度上决定了社会文化背景和决策者能力的高低。基于文化“思想、理论、舆论”作用，对于物质生产、交换、分配、消费等方面具有巨大指导性；②文化增加组织的纪律性。在组织个体立场上，受到文化影响的个体，会提高自身团体意识，进而提高群体的组织性；③文化增强了经济的发展空间。长期的实践证明，对文化加以重视的经济企业，相较于其他经济组织更具有活力和创造力。在原本基础上所产生的经济价值成果更高效，市场经济能力更强大。

二、学校文化建设

（一）学校文化建设的重要意义

文化建设的最高成果形式是文明的形成。学校文化建设的主体是师生员工，受益主体也是师生员工，学校文化建设的基本成果标志就是文明学校的建成。

1. 学校文化建设的重要性

文化建设是学校整体建设的核心部分，现代学校文化是凝聚和激励学校成员的精神力量，是学校发展的强大内驱力。加强文化建设，有助于形成学校的个性与特色，是推进教育创新的助力剂。

任何一种优秀文化，只有与时俱进，不断扬弃与更新，才能永葆青春与活力。学校文化建设，不仅仅体现在学校这个子系统的各方面，还应该着眼于社会发展的各方面，着力于人们对于文化的看法和社会的道德水平上。作为教育工作者，要认识到自己的责任，肩负的使命，做好文化建设的各项工作，让学校走向更美好的未来。

在文明社会里，一切行为都是文化行为，一切商品和服务都成为文化的载体，而一切财富都凝结着文化价值。作为社会组成部分的学校更是如此，既要履行好培养人才、科学研究、服务社会、传承文化的既有使命，还应主动承担起创造新文化的时代任务。把学校办成文化的学校，把学校中的人培养成具有自身个性的、适应社会生存发展的文化的人。

2. 学校文化建设的必要性

历史悠久、薪火相传的中华文化是联结中华各民族的纽带，使中华儿女凝为一体，同心同德地为民族整体利益和长远利益而不懈奋斗。文化育人，就是为了形成学生对周围世界和自己的一种积极而理智的、富有情感的行为，探索、创造、超越现实的态度与作用方式；文化育人，就是要使文化成为开发学生生命潜能并具有生命意义的一种力量，超越原来只作为教育内容构成的定位，进而上升到立德树人的层次。

3. 学校文化建设的背景

当代社会的快速发展，要求教育促使人的个性、创造性的培养，要求人具备应对变化、不确定环境的生存和发展的能力，同时也为这种能力的发展提供了物质和技术的保证。今天建设学校文化，就要着眼于社会发展的客观需要，寻求教育与文化的最佳结合点，使其在人的生存与价值上相得益彰，实现“成事”与“人”的统一。为此，学校文化建设，不仅仅是写几句口号，办几块展板，建几个网页，而是整个学校生活的每一项活动，都应渗透、弥漫着“成人”的文化气息和文化追求。

对于学校教育中的“文化”理解，能够注重“动词”性，从这个特点上面展开其他活动。为什么会产生这样的理解？原因在于：社会在高度发展，时代在逐渐进步，“文化”在此时的作用倾向于“实现面向未来的转化”，所以，这样的文化会直接参与新文化的创建，是一个动态过程。其中，避免了学校将“变化”多加推阻，避免将“世俗”与“流行”排斥在外，不加以重视。但是，这并不代表人们可以随意不加以筛选地接受所谓“时髦与流行”，把全部的历史经验与文化以及教育自身的传统两者丢弃，而是要强调一种“面向未来”的文化教育，在传统基础之上，汲取现在的文化营养，两者互补，促进发展。

4．学校文化建设的要求

随着我国社会经济增长方式的转变，人们的生存意识和生存方式也在随之发生转变，这些变化包括：在生存的时间意识上，从重视过去向重视未来转化；在生存方式上，从重视稳定向谋求发展转化；在价值追求上，从趋同向多元、自主创造转化。人们对时代的感受是既兴奋又沮丧、既渴望又焦虑、既获得又失落。学校中的人不是与社会隔绝的人，学校不在社会之外的真空地带。当代学校应该在认清这一复杂环境的前提下，自觉承担起以下基本文化建设任务：

第一，拓展师生员工对人性和世界丰富性的体悟和认识。通过文化育人实践，让学生对未知充满向往，对学习、探索本身充满兴趣并能从中获得内在的满足；让学生树立自信，懂得每个人都只能自活，不能由他人代活，环境必有好恶顺逆，人只能在各种环境下生存和实现发展；一个有足够实力和有明确目标并且善于策划、适应环境的自我才是可靠的、别人无法代替的根本力量；使学生相信财富是人的奴隶，不是人的主人，用财富完善、丰富人生，能使财富体现出对个体有意义的生命、人文的价值，只有通过合法手段获得的财富，才是坦荡的财富；相信自己是可变的、可发展的，只有提高本身的丰富性和实现需求的能力，才能创造和享受幸福的人生，才能在成就最好自我的同时为事业、社会做出自己能做出的最大贡献。

第二，积极引导师生员工了解并适应社会主义市场经济的发展环境，在消费社会中幸福生存。压力社会是市场经济竞争加剧和高科技带来的社会变化加速的产物，使人在社会中生存的不确定因素和不安全感增加，由此必须自我减压。

“利”在人生价值观中的地位的提升已成了不可避免的事实，人对利的追求和压力社会的精神焦虑已经直接影响到学校、教师与学生，其集中表现是升学竞争的尖锐化和市场化。在社会与家庭、市场与行政的多重压力下，学校的领导与教师往往也被导向这条趋利的快车道。如何对待人生观中利的获取之价值，不仅是教育学生的课题，而且也是学校领导与教师不容回避的“必答题”。

“利”的不仅局限在上述几个方面，从更广的范围看待它，应该理解为：如何处理个人与他人、群体及社会关系的社会问题。为什么会产生这些问题，主要在于社会上每个个体的人生观和生存状态都存在巨大差异，与极其复杂的市场条件，个体的精神生活和人生意义可见其弱小。所以，针对上述情况，加强“学校文化建设”是当前重中之重。对于学生教育工作不能只是逃避，片面强调精神世界，而是应该培养学生树立正确三观，重视学生的价值观导向。通过有效的文化育人实践，使受教育者成为能提高生命质量和把握人生的人。

第三，在全球一体化背景下培育中华民族的文化自信。转型发展是这个时代的重要特点。以发达国家的发展为例，我国要注重吸取发达国家的“现代化”发展经验，加强对于全球性的发展进程、问题、对策的关注，树立强烈的“赶超意识”，始终保持积极的姿态，为成为世界强者而奋斗。

从更深层次方面来看，加强学生的民族文化、民族语言的学习，注重培养他们的高度认同感，是极其重要的。注重这些方面的培养，实际上是加强学生对于“根”的归属感。它可以连接学生的个体精神世界和民族精神血脉，加强文化对于青少年的培养塑造作用，有效连接学校文化建设与民族文化传承。上述提到的方面，对于每个独立国家都是极其重要的。每个国家的发展都不应该过分强调“国外文化”，忽略自身文化，而是要追求两种文化的有效结合，进而强化“根”的影响力度。

对于这项工作的实现，可以从下面几方面加以实施：①强调学校教育的重要融入度；②注重方法使用，注重内容的协调性，不应该只局限在增加相关课程、读经典文献诗词等形式上，应更加注重对于学生个体的渗入，例如心灵、精神。这样的方式，不仅可以让学生懂得“文化”，更可以激发民族自豪、自信、热爱，对于“根”的文化产生强烈的自觉意识，从而更好地承担起文化宣传、文化传播、文化传承的积极作用。在我国的丰厚文化底蕴之上有选择地吸收外国文化精华，让两者共同进步，实现创新发展。

民族文化的“根”讲究“一代人”这个重要情节，需要对这个情节加以特别重视，才能使这个“根”越扎越深，“生长”越来越迅速。随着现代社会的不断发展，各种文化的不断融入，学校教育要加强，将是一个艰巨且漫长的历程。从另一方面来看，也有助于提高学校文化自觉性。

第四，在传统与现代的融合中引导未来。中华优秀传统文化、中国共产党领导中国革命的红色文化、以社会主义核心价值观为旗帜的现代文化是根与脉、干与枝、花与果的关系，学校文化建设就是要扎根本土、秉承传统、立足当代、着眼未来，将个人、社会的文化关系层层综合到具体的、历史的、交互的时空之中，明晰地指向发展与未来，形成新的文化自觉。

学校在当今社会具有重大的现实意义，它连接着人类社会发展、民族文化繁衍，搭建起两者联系的通道，最大限度地实现文化继承、发扬、创新，以此为基础，加强对于相关方面的人才培养。

(二) 文化的分类及辨析

1. 文化的种类

(1) 教育文化是教育领域人们共同的思维习惯、价值认同、活动方式、行为规范、实践成果等综合体现。

(2) 学校文化是在学校特殊的育人环境中以学生为主体，以教师为主导，以促进学生发展、教师发展和学校发展为目标，由全体师生员工在安全、教育、教学、科研、管理、服务、生活等各个领域的相互作用中共同创造的一切物质和精神成果、行为习惯、价值判断的最直接表现方式。

(3) 校园文化是以校园为地理环境圈，以社会文化为背景，以学校管理者和全体师生员工组成的校园人为主体，在学校教育、学习、生活、管理过程中的活动方式和活动结果。

(4) 职业文化就是每一个行业内部的从业人员所形成的一种属于这个行业特有的价值观和生存方式。

(5) 企业文化是企业为解决生存和发展的问题而树立形成的、被组织成员认为有效而共享、并共同遵循的基本信念和行为方式。

(6) 职教文化是职业院校在长期办学育人实践中沉淀和提炼的，符合职业教育规律的价值取向、行为准则和共同作风。

(7) 普教文化是普通院校在长期的教学育人实践中，以升学为主要目标、以系统的知识传授为主要内容所培育形成的精神追求、行为方式和价值认同。

2. 不同文化的辨析

(1) “学校文化”与“校园文化”辨析。

1) 相同点：出身“同门”，均属于“学校”这个范畴；特征一致：导向性、相对稳定性、能动性、潜在性。结构相同：由精神文化、制度文化、物质文化、行为文化四个部分构成；功能相近：认识功能、凝聚功能、娱乐功能、社会化功能。

2) 异同点：从“校园”与“学校”的词义分析，“校园”一词的内涵主要指空间维度内的区域或者说是一种场所，而“学校”一词更多指向的是一培养人、教育人的组织机构。

近年来，企业文化建设已经给企业形成了巨大的推动力量，也为学校发展自己的文化提供了许多可供借鉴的经验教训。按照文化分类的对等方法看，与企业文化相对应的只能是“学校文化”而非“校园文化”。

(2) 从对“校园文化”概念的界定分析，强调更多的是其地域性，将思考范围更多地限制在了学校内部，并且体现更多的是一种静态的“学校实体”式的文化概念，很难表达出人们在进行学校文化建设过程中所应该体现出来的与周围环境之间的相互影响、相互适应的过程。

(3)“企业文化”与“职业文化”辨析。企业文化指企业在生产、经营、管理实践中，逐步形成的为全体员工所认同、遵守、践行的带有本企业特色的价值观念、经营准则、经营作风、企业精神、道德规范、发展目标的总和与实践过程。职业文化职业文化就是每一个行业内部的从业人员所形成的一种属于这个行业特有的价值观和生存方式。

(4)“普教文化”与“职教文化”辨析。普教文化是普通院校在长期的办学育人实践中，以升学为主要目标、以系统的知识传授为主要内容所培育形成的精神追求、行为方式和价值认同。职教文化是职业院校在长期办学育人实践中沉淀和提炼的，符合职业教育规律的价值取向、行为准则和共同作风。

(5)“职教文化”与“企业文化”辨析。职业教育文化是职业教育领域在办学过程中以传承和发展工业文化为主要内容，以就业为导向所形成的价值追求、行为方式和活动结果。企业文化是企业为解决生存和发展问题而培育的、被组织成员认同并践行的文化样式、行为方式、价值追求和实践成果。

对职教文化与企业文化对比分析目的不在于揭示差异性，而是期望在文化育人方面寻求结合点，凸显职业教育的办学特色，在职业性、行业性、区域性上下功夫，更好地彰显文化育人的社会功能。

(6)“普通教育”与“职业教育”的异同。普通教育以掌握知识为主，职业教育以掌握能力为主；普通教育强调学科知识的记忆和储存，突出系统性，行为表现特征是“我知道什么？我知道多少？”，职业教育强调专业知识的掌握和运用，突出实用性，行为表现特征是“我会干什么？我会干多少？”；普通教育的行为文化是记忆准确、结构完整、表达清晰、运用灵活、职业教育的行为文化是手脑并用、知行合一、勤学苦练、熟能生巧、学以致用、用以致学、普通教育相对独立，追求特色办学，职业教育追求合作，合作办学谋求发展，合作育人促进就业。

普通教育和职业教育都有实验安排，但普通教育的实验目的是验证—探究—创造，职业教育实训目的是熟悉—掌握—改造；普通教育的思维培养目标是创意—创新—创造，职业教育的思维训练目的是改进—改善—改变。普通教育对知识的掌握是结构完整，职业教育对知识的要求是够用即可；普通教育效果追求是考得满意，顺利升学，职业教育的效果追求是干得顺手，体面就业；普通教育训练学生学思并举，对知识的掌握由点成线，由线成面，职业教育训练学生手脑并用，对技能的掌握由陌生到熟悉，由熟悉到熟练。

职业教育是一种跨界教育，在办学制度层面，跨越了企业与学校；在人才培养层面，跨越了工作与学习；在社会功能层面，跨越了职业与教育的疆域。因此，职业教育不能只遵从教育规律，还要遵循职业发展规律、技能形成规律和企业文化规律。

第二节 高职院校文化的内涵与特征

一、高职院校文化的内涵

高职教育作为高等教育的重要组成部分，其文化内涵具有高等教育的特征，但同时也有自身特色。依据文化层次理论结构，文化分为物质文化和精神文化两个层面。因此高职院校文化也概括为两大模块：高职院校物质文化和高职院校精神文化，其中，物质文化是基础，精神文化是核心。

高职院校物质文化是指校园的物质设施和校园环境，包括教学楼、实验室、宿舍、食堂等建筑及其设施，还包括学校的绿化、园林景观、娱乐场所等，以及它们的布置和排列组合。高职院校的物质文化是高职院校的硬件，是精神文化实现的载体。

高职院校精神文化是主要是指高职院校在长期的办学活动中形成的知识文化、思想教育文化和道德文化等。高职院校精神文化是高职院校文化的核心，其潜移默化地影响和教化着高职学生。健康、积极的精神文化有利于高职学生的性格养成和道德品格的塑造，正确的人生观、世界观和价值观的形成都有利于对高职学生的思想教育。在现阶段，加强高职学生的道德教育，有利于培养高职学生成为有知识、有道德、有思想的人，有利于引导他们选择正确的人生道路，为社会做出贡献。

高职院校文化定义为以师生为主体，以育人为本，以知识教育为基础。在现阶段，尤其要重视加强学生思想道德素质，同时提高学生专业技能素质和身心素质，借助环境、制度、管理和知识形成的积极向上的学校精神，促进学校形成全面、协调、可持续发展的和谐校园文化。

总之，高职院校文化是校园文化的一种特殊表现形式，其通过物质文化和精神文化来表现和深化，对高职院校的发展具有重要的作用。

二、高职院校文化的特征

高等职业教育培养生产与服务第一线需要的高级技术人才，既属于职业技术教育，同时又是高等教育的重要组成部分，故高职院校文化区别于其他社会文化，有着自身鲜明的特色，主要表现在以下几点：

(1) 职业性。高职院校的培养目标以市场就业为导向，以职业要求为基准，以适用和够用为原则，培养生产、服务与管理一线的实用型和专门型技术人才。高职教育在课程设置和教学设计中始终坚持理论教学为基础，实践教学为重点，培养高级技术应用型人才为目标。相比于普通高等教育，高职学生一般都具有明确的职业定位、良好的职业道德和职业素质，其所体现的高职院校文化也具有浓厚的职业性特征。

(2) 行业性。高职教育的人才培养模式是基于行业标准的一种校企合作、工学结合的人才培养模式。高职教育直面行业和市场的需求，从教学内容和课程体系、办学机制、办学效益几个不同维度进行改革，培养能够适应行业需要的生产和管理一线的高技术应用型人才，因此其院校文化也具有鲜明的行业特色。

(3) 区域性。高职院校往往会依据院校所在区域的经济社会发展状况来统筹规划自身发展，具有一定的区域地方特色。主要体现在人才培养模式、专业设置、课程结构、教学设计、培训方案、投入-产出机制等，这些内容构成了高职院校教育区域性的外延，达到了高职院校与区域的“双赢”，即高职为地方培养人才，提供技术支持，地方为高职就业寻找出路，提供就业岗位，所以高职院校的文化也具有区域性特征。

第三节　高职院校文化育人功能及其理论依据

一、高职院校文化的育人功能

(一)制约和教育

(1) 对学生具有约束性。在我国现阶段的高职院校当中，每所院校所崇尚的院校文化不尽相同，经过认真分析之后可以看出，高职院校文化普遍具有一个共同特点，那就是规定了学生的日常行为规范，明确指出什么行为属于社会所倡导的，什么行为是同社会大环境相背离的。高职院校文化在一定程度上可以规范和约束学生行为，且不可侵犯，否则就会受到规章制度的制裁。例如，大部分高职院校都颁布并实施了针对学生的管理条例等，规定了学生的行为哪些是符合条例的，哪些是违反条例的，让每一名学生都有清楚的认识。

(2) 帮助学生树立正确的思想观念。由于高职院校的学生年龄普遍低于普通高等院校的学生，所以学生对自身行为的约束性比较薄弱，学校在对学生进行管理的过程中，要充分考虑这一点，不能单纯地只是为了教学而教学，只注重所学知识的传授，应加强对学生开展思想教育，引导他们树立正确的人生观、世界观和价值观，增强他们的抗挫折能力，逐渐养成积极向上的心态，更多地赋予他们思想上的正能量，让学生清楚地认识到，在目前学习的黄金时期，要更多地掌握宝贵的文化知识，才能在未来的道路上实现自己远大的抱负。

(二) 培养优秀品质

对于刚刚结束高中阶段的学习、迈入高等职业学校的学生来说，面对一个崭新的学习和生活环境，有些学生从思想上会产生短期的不适应感觉，这些感觉有时会对他们的心理产生影响，并且带有负面情绪。这时，高职院校的校园文化应该发挥其正面的引领作用，帮助学生消除不良思想情绪的影响。

(1) 帮助学生提升良好的道德素质。学生到了高职阶段，年龄应该在二十岁左右，由于对即将迈入的社会充满幻想和渴望，对新鲜事物充满猎奇心理，所以对这个年龄阶段的学生教育和引导，应该充分利用多样化方式，为其营造丰富多彩，充满正能量的业余生活，让学生在参加各种活动和娱乐当中，培养自身高尚的道德素养。

(2) 帮助学生培养正确的审美。在倡导学生积极参加学校举办的各种活动时所体现出的审美观念，会在学生不经意当中对他们的审美意识产生影响，随着活动次数的增多和活动档次的提高，这些被学生所接纳的审美意识，也会逐步提升学生的艺术品位。因此，学校要充分利用这些隐形的元素，对学生产生潜移默化的影响，使得每一面墙壁都会说话，每一块板报都能育人。

(三) 提高实践能力

高职院校的培养目标是培养适合生产一线的高质量技术人才，对学生的实践操作能力要求更高，因此高职院校文化对提高学生实践能力发挥重大作用。

(1) 帮助学生尽早地认识社会。在我国现阶段的高职院校中，大多数的院校都通过开展各色活动，在丰富学生课余生活的同时，增长学生对社会的了解。如学校和一些社会团体联合开展的实践活动，可以使学生在学习的同时，锻炼自身的能力，积累社会阅历，为其日后走出校门，走入社会，并且更好地融入社会奠定基础，提供先决条件。

(2) 帮助学生熟知社会规范与法则。高职学生通过高职文化活动，切身体验如何掌握社会的规范和法则，促使高职学生由校园人向社会人的转变，实现高职学生的人生价值，成为社会需要的职场人。

二、高职院校文化的理论依据

(一) Z 理论

在《Z 理论——美国企业界怎样迎接日本的挑战》一书中有着这么一条理论，即 Z 理论，提出这个概念的是一位名叫威廉·大内的学者，他站在组织角度，衡量一种关于组织管理文化方面的因素，主要说明东方的人性化管理制度在一个组织当中的重要性，比如人与人之间最基本的信任等关系，都属于生产力当中的软性因素。一个组织除了要有技术和利润等硬性指标外，还应当具备软性因素，体现出中西方文化的结合关系。

在校园里，尤其是一些高职院校，组织文化包括物质和精神两个方面，是一种特殊的文化关系，是由人来创造。由此可知，当一个人在高校里能够通过自身过硬的本领和素质带动一部分学生钻研、学习和进步，甚至在一个企业当中能够通过自己独特的人格魅力弘扬企业文化，实现人性化和以人为本的目的，最终使文化教育目标得以实现，这无疑是一种成功的人格，对于一个人的发展来说非常重要。

(二) 文化模式理论

在《当代西方教育管理模式》一书中，托尼·布什教授首次提出了“文化模式”理论。他通过分析目标、结构以及环境和领导等方面，发现教育管理所存在的不同形式，将 20 世纪 50 年代以来西方教育管理理论流派，分为正规、学院、政治、主观、模糊以及文化等六个模式。如果一个人所拥有的思想观念以及价值观能够对他人和自己造成一定影响，便是一种文化模式。

20 世纪 80 年代，西方教育管理当中更侧重于培养组织成员之间的一种凝聚力和文化倾向，这种模式被称为反传统教育，关注的是主体价值观。这个理论认为，通过目标可以表达某个学校的文化。如果要培育新一代人才，高职院校必须提升自身文化自觉和价值观，根据实际情况制定相对应的政策，并结合实际确定自身定位，达到文化育人的目标。

（三）人的全面发展理论

在《德意志意识形态》这本书中，马克思提出了人的全面发展理论，可以概括为三部分，第一部分是侧重于人的自身素质发展，包括生理和心理以及思想道德和文化素养。第二部分是人的自身能力发展，更侧重于一个人的自由性和充分发展性，认为只有这样才能培养出各个方面都有能力的人。第三部分强调人与社会成员的统一性，站在全体社会成员层面研究，不再只是考虑少数人。

现代教育的重要意义是实现人的全面发展和树立育人为本的理念。因此，高职院校应该做到针对德智体美全面发展。学生们在基本文化知识学习的同时，还要注意提高自己的道德水平、思想教育以及心理素质，从而实现人的全面发展，培养高尚的道德情操和自身素养，最终在文化发展的引领下，使文化得以传承和创新。

第四节 文化育人的时代内涵与现实意义

一、文化育人的内涵

人类创造了文化，文化也创造了人类社会，文化育人就是通过文化启迪智慧、传递知识和塑造人格，同时更是通过文化的传承、传播和创造，促进受教育者的社会化、个性化、文明化，从而塑造健全的人、完善的人、全面发展的人。在当代中国，文化育人的根本任务是培养社会主义建设的可靠接班人和合格建设者，实际上就是以文化的方式培养人才。

（一）文化育人的现时代内涵

1. 以“以人为本”的理念为指导

21 世纪是人才竞争的时代。为全面提高综合素质和专业水平，应当将“以人为本”的教育理念贯彻落实到育人过程之中，不仅是文化教育核心目标的要求，还是我国将人文理念贯彻于社会主义现代化建设中的表现，更是马克思主义实现人类解放这一根本目标的要求。

以人为本是科学发展观的核心内容之一，其内涵可以概括为“一切为了人，一切依靠人”。具体而言，一方面始终将人的价值与人类生存作为基本的出发点；

另一方面是指在社会建设中充分发挥其能动性与创造性，将“人”这一因素作为发展动力。在教书育人领域，将人作为教育的中心主体，文化教育活动紧紧围绕提升人的专业素质与文化素养这一根本目标展开，并充分发挥人的主观能动性，不断培养其创新思维和创造活动，这不仅是当前社会发展的要求，更是对人自身价值的尊重。

贯彻落实以人为本的教育理念，主要体现在以下几点：注重人才的个性化培养，充分结合学生的实际情况与学习特点，做到因材施教，尽量为其个性化发展提供条件与空间；注重人才的综合素质培养，传统的教育理念只注重知识的传授，而忽略了对于学生道德价值观、实践操作能力、创新思维的培养。在以人为本的教育理念指导下，不断深化教育内容和形式的改革，培养综合素质过硬的人才；注重人才自主创新能力与终身学习能力的培养，在社会飞速发展与全球化进程不断推进的时代背景下，发挥自我价值。

2. 以“人的全面发展”为目标

文化育人的目标即为“人的全面发展”，就是说，“人的全面发展”是文化育人的结果。文化育人与当代高等教育目标有着密不可分的关系，当代高等教育目标既为人的全面发展。古希腊哲学家亚里士多德主张“和谐教育”，捷克民主主义教育家场•阿姆斯•夸美纽斯在其名著《大教学论》一书中，提出了泛智教育的理想、希望所有人都受到完善的教育，使之得到多方面的发展，成为和谐发展的人。

马克思在其理论体系中给出结论：人应该是全面发展的。马克思关于人的全面发展学说是当代中国教育，特别是中国特色社会主义教育理论的指导思想。信仰追求、人生价值和道德规范等，都是文化从价值视角给予人的作用的。文化通过其蕴含的知识、逻辑、信念、道德等意识形态，作用于人类本身和人类社会，归根结底是服务于人的进步和发展的。文化育人则是通过人为的方法，使文化可以为我所用，选择符合社会发展规律的、科学的方向发展，使人依照既定的方式方法习得知识、道德等内容，实现人的全面发展。而文化育人又具有“润物细无声”的特点，这就要求在文化育人的过程中，要牢牢把握住社会主义核心价值体系的方向，使优秀的文化成为文化育人的主导性诉求，进而作用于社会人。

现时代文化育人应该以“每一个人的全面而自由的发展”为根本目标，倡导人的个性、全方位发展。“每一个人的全面而自由的发展”，其实质就是要充分尊重每一个人的个体差异，人的天资禀赋有高低，所处境遇有差异，因此在培养人的过程中，要注意发展人的主观能动性、创造思维和独立思考能力，培养符合社会主义核心价值的世界观、人生观和价值观，激发并调动人的主体潜能，最大程度上发挥他们的聪明才智，使其始终处于活跃的状态。文化育人使人不断达到自我完善、自我超越和自我创新，进而不断突破自我，使人的道德素养、智力水平、身体和心理素质等得到全面提高和充分发展。

这里，需要强调两点，一是“人的全面发展”不仅仅是指人在德智体美等方面全面发展，更重要的是使不同的人在身心上都得到“充分”的发展，文化育人中的全面发展，其根本在于根据不同的人的特点注重人的“充分”发展；二是“以人为本”和“人的全面发展”不是指同一层面含义，“以人为本”体现在文化育人中，体现的是过程性，而“人的全面发展”则是指文化育人的最终结果和目标。

3．全面促进“文化软实力”发展

在全球化进程不断推进、国际形势日益复杂的背景下，国际合作不断深入的同时，国家之间的竞争也日益激烈。衡量一个国家的国际地位和综合国力不再局限于经济水平，文化实力也成为重要因素之一。推动社会主义文化软实力的发展、始终保持科学前进方向，不仅是提升国家竞争力的重要内容，更是推动中华民族伟大复兴任务实现的重要保证。

文化的发展在人才，人才的培养靠教育。纵观历史发展规律，只有始终位于时代发展潮流的前沿文化，才能转变成先进的社会生产力，使国家保持领先地位。因此，不断发展社会主义现代化文化建设，丰富文化内涵、健全人才培养，才能从根本上推动国家进步与发展。马克思主义的核心任务之一是要解放全人类，而科学发展观的贯彻立足于人的自身发展与价值发挥，但归根结底都是围绕“人才培养”这一核心目标。培养符合时代发展要求的高水平综合型人才，建立健全文化体系，已经成为增强国家文化软实力和综合国力的重要手段。

通过开展文化育人，可以将先进的经验、知识与技能进行传授，不断总结和丰富中国社会主义特色文化的内容与形式，构建体系健全、制度合理、资源丰富的文化教育模式，使所培养的人才能够积极发挥其创新思维与创造能力，在社会主义现代化建设的各个岗位职责中，将文化软实力转变成生产实力，从而增强国家的人才储备力量和生产竞争力，在根本上保持不断前进的动力。

文化软实力的增强离不开文化教育和人才培养。全球化背景与信息化技术发展时代，对新型人才的需求和要求不断提高，局限于知识传授和课堂授课形式的文化育人活动已经出现诸多弊端，革新人才培养理念、创新教育模式已经势在必行。只有具有综合创新思维、专业水平高超的人才，才能承担起国家经济、文化与社会建设的重要任务；通过不断传播与创新文化内涵，促进文化软实力的提高和社会全面发展。

文化育人对于文化软实力建设的重要意义，不仅在于其扩大国家高精尖人才储备，还在于全面促进人类自身的发展与价值实现。具体而言，当前专业型高水平人才的培养，对于国家综合国力的意义已经不言而喻。可以说，只有充分发挥人才的主观能动性，才能将文化、科学技术与生产活动紧密结合与转化，从而提升国家在文化和经济点等各方面的国际竞争力。

在本质上认识文化育人，从人类社会与发展的宏观角度，教育过程不仅在于人才培养本身，更重要的是人类文明成果的传承和人类自身价值的实现。正是通过文化育人活动，社会意识形态、历史文化传统等得以传播和发展，人类作为社会中的一员，可以将个人价值与社会价值的实现过程相结合。从某种意义上来讲，文化育人的核心任务不仅是培养专业技术过硬的人才，还需要培养思想道德水平与价值观念正确的人才，这样的人才，才能承担起社会主义现代化建设与中华民族伟大复兴的艰巨任务。

由此可见，文化育人对于国家文化软实力来说，不仅是一种重要的建设手段，更是一种根基和目标。通过科学合理的文化育人活动，先进的科学文化知识和宝贵的传统文化经验被传授和发展，社会生产力和人类社会的文明被不断推进，这一切都离不开“文化育人”所奠定的基础作用。

(二) 文化育人的现时代特征

1. 形式生动灵活

文化育人的发展应当以党和国家的总体方针为指导，以服务社会主义建设为目标，以保持先进性与科学性为方向，在此基础上，充分结合社会生活，创造丰富多彩的文化育人形式。传统的文化育人由于受到时代发展的限制，主要以课堂传授和知识学习形式为主，比较单一而枯燥，对教育地点、时间、人群和内容要求较为固定。现代文化育人的基本理念是为每个人的自身发展创造机会，科学合理的文化育人体系应当将各社会阶层与领域的人当作教育对象，在内容上因材施教，通过创新教学形式、增加教学内容的丰富性，吸引社会群体的参与，使群体能够主动在教育过程中发挥自己的能动性，积极接受文化知识和技能的培训，全方位提升自己能力。

我国一直以“百花齐放”和“百家争鸣”作为社会主义文化建设的基本方针，不断丰富文化的表现形式和参与形式，提升社会主义文化的吸引力与生命力，使社会群体对于文化活动的参与具有更多选择性。除此以外，文化育人作为社会主义文化建设的重要内容，应当具备超前性和远见性。换言之，文化应当始终走在未来发展的前列，文化的先进性是保持探索动力、扎实发展根基的重要素质，应当对传统文化中的糟粕与腐朽部分进行清除和改革，积极弘扬先进文化理念，尤其在国际文化交流融合日益密切的今天，在文化育人活动中做到取其精华、去其糟粕，使文化建设始终保持先进性及发展动力，从而服务于整个社会及人类文明的进步。

2. 过程贴近生活，循序渐进

文化作为人类文明的重要表现形式之一，其本质是生活现实的总结和思考成果。人类历史的发展进程是对客观世界和自然万物的认识过程，是对生产和发展规律的思考过程，是人类对自己生产生活的智慧结晶，文化又通过实践过程应用于生产生活中，对其产生深远影响。因此，文化的重要特征之一是来源生活、贴近生活，最终又反作用于生活。正因为如此，文化育人本身具有良好的易接受性和受众性。这一特征给人们带来的启发是，文化育人应当紧密贴合生活实际展开，脱离现实的说教讲解或以遵从于呆板的规定，既不能激发个体参与积极性，也不能起到良好的教育效果，只有深刻把握文化本身独特的贴近性，才能在文化育人活动中不脱离现实，为学习个体所广泛接受。

3. 多元性与统一性并存

我国文化体系是一个多元化的统一体，其中多元性和统一性两大特征并不是相互矛盾，而是由我国社会现实、时代发展趋势、人们文化需求发展等方面因素所共同决定。首先，我国是一个多民族统一国家，具有丰富灿烂、各具特色的各民族文化，是我国多元文化组成中不可缺少的一部分。随着民族间的融合与交流日益密切，民族文化也在交互中不断发展。其次，改革开放以来，我国社会主义现代化建设迅速发展，在各方面取得了有目共睹的成就，其中的典型是文化上的开放性与包容性不断增加，西方思潮和其他民族文化逐渐对中华民族传统文化带来影响，文化交融已经上升到一定高度，虽然可能会带来冲击和负面影响，但客观来讲，主流发展趋势丰富了我国文化内涵，提高了文化竞争力和包容性，推动了特色社会主义文化建设发展。最后，科学技术的进步与信息化手段的发展，使文化多元性逐渐融入人们日常生活、生产和学习中，全方位地提升我国文化的多元性。比如随着网络技术的运用，人们有机会接触到其他文化资源，并通过便捷的交流通信手段，实现文化交流，在思想碰撞中发生不同文化群体的融合和进步。

4. 对象包容性强

文化数量一般是通过多元性进行衡量。在实际情况中，文化作为时代的产物，带有鲜明的时代烙印，决定了对于文化质量的衡量不可能是绝对的，通常只能认为某种文化在特定时代或地区是相对好或坏的，因而人们对于某种文化所持有的态度也应当是包容灵活的，不应当打压或否定，而是承认并客观接受亚文化现象；认识到文化的生命力和活力除了与主流文化内容息息相关以外，与多元亚文化群体也密不可分。在这种情况下，文化育人活动应当保持高度的包容性，在明确主流文化教育地位的前提下，采取多种措施，积极鼓励人们了解和参与其他优秀的亚文化形式，在不同文化形式交流碰撞过程中，开阔视野、加深理解，从而保持文化的生命力和前进动力。反之，如果故步自封和墨守成规，文化将不可避免地走向落后，而文化上的落后将会对科技、生产、社会发展等方面带来不利影响，导致社会全方面的落后。因此，文化育人应当充分认识到，不同文化存在的合理性，要以开放性的文化态度发掘其价值。

5. 动态发展

文化的时代特征还表现在其发展过程是动态的。文化是人类历史的发展进程，是对客观世界和自然万物的认识过程，是对生产和发展规律的思考过程，是人类对自己生产生活的智慧结晶；文化又通过实践过程应用于生产生活中，正是这种“认识—总结—实践—认识”的循环反复，人类与文化不断进行互动，促进文化本身不断调整和动态发展，其发展一般呈“螺旋式上升”或者“曲折式前进”的形式。

文化育人体系是一个有机整体，人类在生产实践中所总结的经验，成为文化中的重要组成部分，是指导后人的宝贵经验和智慧结晶。随着时代发展与生产实践活动的革新，后人会不断对原有文化进行充实和改进。因而，文化育人本身具有不断动态发展的特征，这一特征正是通过人与文化的交互性得以实现。

二、文化育人的意义

（一）深化社会育人的重要途径和有效载体

从以下两个方面理解文化育人对社会育人的意义。

第一，文化育人是一种重要手段。人类社会是一个复杂体系，包含政治、经济、文化等多种内容以及个人、家庭、社区、学校等多种单元，这也决定了社会育人本身也具有多元性和复杂性。所谓社会育人是指采用多种途径进行文化传播交流，从而帮助人完成其社会身份的转变，其可以通过学校、家庭环境等多种方式实现，但其中最重要的一个手段是文化育人。

文化已经渗透社会的方方面面，以其丰富的内涵、多元化的形式，成为吸引和影响人自身发展的重要因素。它所传递的育人形式，依托风俗习惯或文化传统，具有较高的可接受度。可以说，文化育人途径本身在资源和生命力方面的优势，可以促进社会育人体系充分发挥其功能。

第二，文化育人是一种重要载体。社会育人的最终任务不仅是促进自然人完成其社会身份的转变，更重要的是将个体进行整合而形成社会有机整体。社会育人本身也具有多元性和复杂性。随着文化交流更加便捷化、交流沟通频率不断增加，社会育人在信息资源和文化内容上也展现出前所未有的巨大包容性，而置身于社会中的个体都不可能再具有绝对独立性，他们在交互过程中互相影响，所完成的社会身份转变都带有鲜明的文化影响烙印。对于如此庞大的社会育人资源来说，文化育人是其有效的载体形式，对所处文化范围内的个体进行渗透和改造，有助于发挥育人体系的有效性。从某种意义上来说，不同领域的文化育人活动，共同组成了社会育人体系。

（二）为加强文明建设提供支撑

人类文明的发展依靠每一个社会个体的推动，反之，文明进步水平又会影响个体的素质。文化育人可以有效提升素质，推动文明建设进程，具体可以从以下两方面进行理解。

第一，社会文明表现在社会生活的各个领域。文化对社会的影响和作用，是通过人完成的。人在参与日常生活和生产过程中，将自身所形成的精神文明和素质传达出来，作用于社会生活的方方面面，同时接受着来自社会生活及其他个体文化的影响。当前，社会主义文化建设的核心内容是精神文明建设，在此基本原则指导下开展文化育人工作，为其提供精神支持和前进动力。需要强调的是，文化育人在任何情况下都不能背离中国特色社会主义基本要求，否则将会导致文化育人走向错误方向，无法完成精神文明建设这一历史任务。

第二，文化育人对社会群体的思想道德水平产生直接影响。中国特色社会主义精神文明建设的一大核心内容，是提高公民的思想道德与文化素养。文化育人作为一个有机体系，在面对新的历史任务时，对自身内涵也在不断进行调整，不只局限于对知识和技能的传授，在思想道德建设、创新思维能力培养上也逐渐引起重视，承担起引导社会树立正确道德风尚的责任，通过公民素质的提高，推动社会文明进步和发展。

身处社会中的每一个个体，都接收到来自现实社会多种文化资源的影响。推动精神文明建设，一方面是为了创造积极向上的文化氛围，促进个体素质的提升；另一方面通过个体参与，推动精神文明向着先进、健康的方向发展。二者互相依存、互相促进，而这一作用正是通过文化育人实现的。具体而言，将社会主义精神文明的内涵与核心价值观念作为文化育人的基本内容，从教育层面对公民思想道德建设进行渗透并逐渐内化成为其自身品质，这些思想道德品质和责任感的培养，不仅对精神文明建设本身造成直接影响，还会通过文化辐射作用对周围群体树立模范，从而对精神文明建设造成间接影响。可以说，文化育人为其提供了有力的支持作用。

（三）为提高文化素养提供平台

文化素养指一个人通过外在的言行举止等所呈现的稳定内在文化修为和基本

品质，其内涵十分丰富。纵观人类历史进程，文化素养是影响社会发展方向的重要因素。文化育人对公民素养的培养主要包含两个方面的内容，即科学知识和思想品德。首先，科学文化知识是社会前进与生产发展的根本动力，也是文化育人活动的基本内容；其次，通过科学文化知识教育，能够有效促进文化素养的提升，进而推动社会文明的进步与道德风尚的树立，以个体文化素养带动社会文明素养。因此，文化育人作为实践平台的意义，可以从以下三方面进行理解。

第一，文化育人创造了时间空间可能性。文化素养不仅指思想道德层面的素养，还包括认识理解客观世界、实践运用科学技术知识、人际沟通等方面的能力，这些能力与素养的培育不是一蹴而就的，需要长期不懈的文化渗透和教育，只有经过一定时间的积累，才能将文化本身通过内化作用转变成个人素养和社会文明。一般来说，个人文化素养的培育过程是循序渐进的，通过文化育人过程，将科学技术知识、思想道德观念、文化理念传递给个体对象，经过一段时间的积累与内化，最终形成文化自觉。这种质的转变必须经过时间积累，才能一步步实现。可以说，文化育人为其创造了时间可能性。此外，文化内涵本身是多元化的，小到不同个体，大到不同国家和民族，都存在空间带来的文化差异，而这些客观存在的差异也代表了不同地域空间的表达方式，代表了不同地域空间的文化素养特征。因此，文化育人可以通过空间差异发挥作用。

第二，文化育人是重要手段。传统知识教育的重点在于将科学知识进行理解和运用，智力因素在该过程中占据主体地位，其中所涉及的其他精神心理活动并不多。文化育人的重点是通过接触客观文化，使个体能够进行精神和内在转化，所涉及的精神培育和心理活动十分复杂，包含科学知识以外的多种思维和非智力活动。正是通过这种文化活动的内在升华，促进个体文化素养的培育和塑造。可以说，文化育人是实现文化素养的重要手段和持续动力。

第三，培育文化素养是实现文化育人最终目标的基础和前提。促进人类的全面发展，一直以来都是文化育人活动的最终目标，其中文化素养作为个人综合素质的重要内容之一，决定了人类全面发展的层次，不论是科学知识、智力水平，还是思想道德层次、审美水平等，都必须立足于文化素养这一重要基础。需要强调的是，文化素养的培育，需要后天长期不懈的文化渗透和教育，虽然由于个体的天赋不同，导致其文化理解能力存在差异，但通过后天不断努力，个体可以提升自己的文化素养层次，实现个人德智体美等全面发展。

（四）为实现文化强国提供支撑和氛围

在国际合作与竞争都日益激烈的时代背景下，衡量一个国家的综合国力，通常涉及多方面因素，包括政治、经济、军事和文化实力，其中文化实力的地位日益加重，推动社会主义文化软实力的发展、始终保持科学前进方向，不仅是提升国家竞争力的重要内容，更是推动中华民族伟大复兴任务实现的重要保证。因此，文化强国已经成为国家建设的重要内容之一。所谓文化强国，不仅是对国家优秀传统文明的继承与发展，还包括对公民素质与社会道德风尚的建设与提高，而文化育人为其提供了强有力的支撑作用，具体可以表现为以下三方面。

第一，营造文化氛围。正如前文述及，文化实力已经成为国家竞争实力的重要内容，建设文化强国的核心任务是要树立和引导社会主义核心价值观，推动中国特色社会主义精神文明建设，这个过程不是一朝一夕可以达成的，需要全方位、长时期的文化渗透和引导。因此，提升国家社会的整体文化氛围，对于推动文化强国建设具有重要意义。

积极向上的文化氛围可以有效增强社会成员的文化认同感，通过引导主流文化的发展方向，摒弃糟粕传承经典，以强大的凝聚力和民族自信心，使国家屹立于世界民族之林。文化育人是营造文化氛围的重要手段，通过有导向性和重点性的教育，将符合社会积极发展的正面文化内容和核心价值观渗透公众教育的方方面面。长此以往，公众在精神文化中所形成的文化自信心与认同感，将成为我国建设社会主义文化强国的持久动力。

第二，提供人才储备支持。21 世纪是人才竞争的时代，将人作为教育的中心主体，文化教育活动紧紧围绕提升人的专业素质与文化素养这一根本目标展开，充分发挥人的主观能动性，不断培养其创新思维和创造活动，这不仅是当前社会发展要求，更是对人自身价值的尊重。培养具备自主创新能力与终身学习能力的人才，在社会飞速发展与全球化进程不断推进的时代背景下，充分发挥自我价值。

此外，文化育人的核心任务不仅是培养专业技术过硬的人才，还需要培养思想道德水平与价值观念正确的人才，只有这样，才能承担起社会主义现代化建设与中华民族伟大复兴的艰巨任务。因此，文化育人通过探索合理的人才培养模式，培养符合时代要求的高素质专业型人才，在国家经济建设和文化传播中肩负起相应的责任，推动文化强国建设。

第三，全面保障文化的先进性。始终坚持先进文化的前进方向，是我国建设文化强国的基本指导思想。文化应当着眼于未来，始终走在时代发展的前列，先进性是保持文化发展动力、扎实发展根基的重要素质，应当对传统文化中的糟粕与腐朽部分进行清除和改革，积极弘扬先进文化理念，尤其在国际文化交流融合日益密切的今天，在文化育人活动中做到取其精华、去其糟粕，才能使文化建设始终保持先进性及发展动力，从而服务于整个社会及人类文明的进步。

回归到文化育人，只有与时俱进，对教育内容进行革新，在文化交流过程中吸取外来文化中的先进理念，摒弃传统文化中落后腐朽的部分，才能保持文化强国建设的先进性和持续性，才能立足于基本国情和公众的文化需求，从文化创新中推动国家实力的整体进步。

（五）有利于打造特色大学文化

高校作为文化育人的重要环节，始终以“育人”作为核心内容和终极目标，人才培养始终位于高校职能的首要位置。在社会主义文化建设总体目标下，高校不断深化文化教育改革，将文化传承和创新纳入人才培养的重要内容，改变过去高校教育只注重专业知识传授，而忽略综合素质与思想品德教育的问题，充分发挥文化育人科学知识与道德素质两手抓的优势，成为文化育人实践活动开展的重要平台之一，在提升人才培养质量的同时，推动特色高校教育文化体系的构建，具体表现在以下四方面。

第一，始终以“育人”为根本任务。将人作为教育的中心主体，文化教育活动紧紧围绕提升人的专业素质与文化素养这一根本目标展开，充分发挥人的主观能动性，不断培养其创新思维和创造活动，不仅是当前社会发展的要求，更是对人自身价值的尊重，培养具备自主创新能力与终身学习能力的人才，在社会飞速发展与全球化进程不断推进的时代背景下，发挥自我价值。此外，注重人才的个性化培养，充分结合学生的实际情况与学习特点，做到因材施教，重视学生道德价值观、实践操作能力、创新思维的培养，体现“以人为本”的教育理念，在科学教育和人格培养中打造全面发展的人才。

第二，提升人才培养质量。高等教育所培养的人才，不仅要符合全球化、信息化时代的人才需求，更要承担起社会主义建设的责任。文化育人的过程，是通过文化渗透与传播，起到传承发展文化和人自身发展的目的，使人能够完成其社会身份的转变。与此同时，文化育人活动又进一步作用于文化本身，使其在内容、形式和理念上不断更新，保持竞争力和生命力。因此，通过文化育人，高校提高了人才质量，使人才不仅具有扎实的专业知识技能，还具有文化传承的创新能力。

第三，推动构建富有特色的高校教育文化体系。文化由于受到地域、民族、历史等因素的影响，具有丰富的内涵和风格，高校文化也不例外。如何在教育发展和改革过程中，打造富有自身特色的高校文化体系和品牌风格，是文化育人活动需要探索的问题之一。高校教育文化体系指的是高校在教育实践中所发展形成的一种稳定的文化内涵与风格，可涉及许多方面，比如精神文化、科研氛围和学术文化等，这一过程离不开每一个教育实践者的努力。通过开展文化育人，各高校机构可以充分依托自身文化优势，对文化建设进行合理定位，打造理念先进、学风扎实、行为规范的校园文化氛围，丰富高校精神内涵，从而走特色化的高校文化教育道路，构建科学合理的教育体系。

第四，增强高校的竞争力。高校竞争力的衡量主要包括两方面内容，一是科研水平和学术氛围，二是社会影响力。前者是科学知识传授和思想道德学风的必然要求，后者则是高校吸引教育资源和投资，增强社会认同度的必然要求。在当前高校教育改革不断推进的情况下，探索结合自身实际的高校教育道路，使所培养的人才能够担当起社会建设和文化传承的引领者，是许多高校机构在思考的问题。一味故步自封或效仿他人的发展模式，会使高校教育走入穷途末路，高校机构应当充分发挥主观能动性，依托文化育人教育形式，与时俱进地打造具有特色的高校文化体系和品牌，不断扩大社会影响力和认同度。只有这样，才能在激烈的社会竞争中吸引人才资源和教育投资，保持持久的发展动力。文化育人模式有助于高校在人才培养过程中形成精神文化，具有自身特色的科研学术教育模式，并在此过程中增强文化自信和吸引力，实现高校教育的全面发展。

第二章　高职院校定位与人才培养规格探析

高职人才属于具备高等教育理论知识储备，接受过正规技能训练，掌握高科技和新技艺的高级应用型人才。本章围绕高职院校定位与人才培养规格，论述高职院校的定位与人才培养理念、人才培养目标与培养规格，对高职人才培养的主要评价机制、高职教育对师资队伍的要求和培养、高职生成才的有效途径以及高职院校大学生的就业与创业进行阐述。

第一节　高职院校的定位与人才培养理念

一、高职院校的定位

职业技术院校的定位是职业技术学院对自身在社会及教育系统中所处位置的权衡，学院定位关系到学院的选择方向、角色定位和办学特色，关系到学院在教育系统中的地位与作用，关系到学院各项功能的充分发挥。它是学院制定发展规划、方针政策的理论依据，是学院沿着正确方向持续、健康、稳定发展的保证。

合理的定位不仅有利于职业技术学院自身的发展，而且也有利于整个社会及高等职业教育系统的健康运行。如今，高等教育竞争激烈，只有定位准确的院校才能持续稳定的发展；反之，一些高职学校定位不明，没有找到自己的办学特色，导致招生不足、学生就业困难、社会信誉差等后果，给个人、学校及社会都带来不良的影响。

（一）高职院校要有服务区域定位

每所学院要找准自己在整个高等职业教育和本地高等教育中的位置，要科学地确定学校在经济社会发展中的作用。特别强调的是，学院在找准自己在经济社会发展中的地位时，要和本地的经济社会发展紧密结合起来，才能确保学院健康、稳定、持久的发展。

高职院校一般由地方或行业主办，主要面向的经济和行业有明确的区域定位。

为此高职院校必须考虑到地域发展的需求，以服务地方为目的，以就业为标尺，大力培养适销对路的人才。在人才培养方向及专业方向上，要充分考虑地方经济对人才培养的需求，及时了解地方经济的发展趋势，适时地根据地方经济的发展来设置专业，调整专业方向，合理调整培养目标、课程体系和教学内容，以便更好地服务于地方经济。同时学校要高扬为区域社会发展服务的旗帜，全力参与区域经济建设，广泛地推进校地联动、校企合作机制，多渠道、多方位地融入区域经济社会发展之中，推动区域生产力的提高和区域综合竞争力的增强。要发挥高等教育的优势，帮助当地企业开展科技开发，解决技术应用中的难题，为区域经济发展提供智力和技术支持，努力把科技成果转化为现实生产力。高职院校应充分发挥自身在区域内的功能与作用，主动介入地方的社会经济发展中，成为区域发展的研究中心，成为政府决策的咨询中心、成为行业发展的人才中心。

(二) 高职院校要有人才培养层次和类型定位

“高”和“职”是高等职业教育的本质特征。“高”，决定了它必须以一定的现代科学技术、文化和管理知识及其学科为基础，着重进行高智力含量的职业技术教育，要求毕业生能够熟练掌握与应用职业技能，并具有一定的对未来职业技术变化的适应性，这也是它区别中等职业技术教育的要特征。“职”，则决定了它主要强调应用技术和职业技能的实用性和针对性，知识及其学科基础注重综合性，围绕生产、建设、管理和服务等第一线职业岗位群的实际需要。这是它区别于普通高等教育的重要特征。也就是说，高职教育将人才培养规格定位于“高等技术应用专业人才”。当前我国处于产业结构调整和升级的关键时期，对实用型人才的需求非常旺盛，而高职院校是实用性人才培养的摇篮，因此要坚持面向经济建设和社会进步的主战场，培养大批实用型人才，这是高职院校功能最为重要的体现。

以社会实践为主的工程型人才和以学术研究为主的科研型人才，是国内传统高校培养出的重要人才。在中国特色社会主义现代化进程中，人才为国家建设呕心沥血，为知识的整体创新做出了极大贡献。

高职院校培养出的人才，应该符合中国特色社会主义现代化建设需求，既有扎实的理论基础，又具备丰富的实践技能；既可以从事专业的理论研究，也可以奔赴建设与生产、服务与管理的具体实践领域，成为具备重要技能的应用型人才。高职院校培养出的人才，比普通高校毕业生和中专院校毕业生更具优势。一方面，高职学生比普通高校的学生实践经验更为丰富，具有熟练的技能，更加符合社会众多企业的招工条件；另一方面，高职学生比中专生具有更加深厚的知识积累，综合素养也比中专生更胜一筹。

高等职业教育具有以下鲜明特点。

1. 人才层次更具高级性

高职教育是层次最高的职业教育。接受过高职教育的人才，不同于企业的普通操作工、技术工和初级、中级管理人员。高职人才属于具备高等教育理论知识储备，接受过正规技能训练，掌握高科技和新技艺的高级应用型人才。

2. 人才类型更具技术性

高职教育培养的是可以服务于企业生产的技术型人才，这类人才不仅具有专业的理论知识，而且具备参与企业生产、组织与管理的高级技能，可以对生产现场的普通操作工人给予专业的技术指导，为解决企业生产过程中遇到的现实问题出谋划策。此外，高职人才还善于运用前沿的理论知识，指导产品生产工艺的提升与改进，加强有效信息的交流与传输，参与组织管理与改革，为企业转型升级贡献心力。

3. 人才素质更具复合性

经济的飞速发展与社会工业化水平的不断提升，对高职教育培养出的应用型人才提出了新要求。面对新的社会形势，高职人才既要具备扎实的理论基础，又要具备精湛的实践技能。互联网技术的发展，使得各行各业需要精通计算机技术的专业化人才，具体到制造业领域，市场需要的是复合型人才，这类人才既懂得机床加工技术，又会在计算机技术辅助下进行产品的设计与制造。此外，在高楼大厦的建设过程中，楼宇系统与结构的设计，管理与服务的维系，需要懂得互联网技术的专业人才，判断智能大厦的物业机电故障，能够对大楼的综合布线系统进行修检与问题排查。因此，高职教育培养出的人才，是能够满足市场需要的复合型人才。

4. 人才规格更具适用性

高等职业教育是具有明确职业价值取向的一种高等教育类型，培养的人才是面向生产、建设管理、服务第一线的高层次实用型人才，因此，高等职业教育培养的人才具有很强的适用性，这也是高等职业教育的生命力所在。

5. 人才培养更具个性化

社会技术的不断进步，使得技术人才的市场需求更具个性化与多样化特征。高职教育作为给市场输送生力军的重要源泉，必须将学生摆在教育的中心位置，综合市场需求与学生的学习意愿开设专业课。就服装专业来说，学生可以选择计算机设计方向，也可以选择生产工艺与质量管理方向，还可以选择外贸服装的品牌策划与营销方向，将专业选择权交给学生。

（三）高职院校要有培养目标定位

高职院校的学生培养方案，应该以就业市场为导向，了解最新的职业需求情况以及新兴岗位的供应情况，对市场需求的应用型人才数量做到了如指掌，及时调整人才培养方向，按照教育部规定的职业技术标准和岗位技能标准，加强对高职学生的素质教育和技能培养。毕竟，脱离市场需求的闭锁式教学模式，对于高职院校来说，既没有生命活力，也毫无现实价值。

总的来说，高职教育必须以地区的经济发展水平为依托，以市场需求为导向，以毕业生的就业质量为目标。高职教育的发展，必须重视毕业生的就业情况、服务于市场需求的情况以及生产、科研与教学的结合情况。其中，就业作为高职教育最重要的办学方向，学生在职业选择过程中的就业成效，以及对社会的贡献与付出，对职业岗位的胜任能力等，都是高职教育人才培养的关键衡量指标。因此，高职院校学生培养目标的确定，应该充分尊重当地经济发展水平和各行各业的实际情况，具体需要考虑以下问题：当地以政治发展为中心，还是以经济发展为中心；当地的主要工业归属于重工业，还是轻工业；当地是以发展旅游业为主，还是以发展农业为主等。针对这些实际情况建设并设置院校的学科与专业，将当地的特色产业或具有区域优势的行业作为人才培养的战略方向，确保培养目标贴合实际。由此培养的学生不仅更好就业，而且对当地社会建设和经济发展能够发挥促进作用。另外，以就业为导向还要着眼于学生的可持续发展。

我国职业教育可以借鉴德国职业教育的诸多优秀实践经验。例如，一个学校想要培养建筑行业的职员，为了能使学生更好地适应生产需求，学校要求学习建筑行业的学生第一年必须接受职业基础教育；第二年开始，学生要选择两个较为宽泛的领域发展他们较为特殊的职业能力；在第三年，学生被要求选择一个适合自己的职业目标，发展这方面的专门能力。这样的教学模式大大地提高了学生参与生产的灵活性和适应性，为学生毕业后走上工作岗位奠定了良好的职业基础。

二、高职院校的内涵建设

近年来，科学发展成为了新时代的新要求，高职院校也不例外。合理定位，是实现高职院校科学发展的前提，注重内涵建设，是实现科学发展的关键。

（一）高职院校内涵建设的必要性

在国家大力发展职业教育的方针推动下，高等职业教育经历了一个“量”的快速发展阶段，现已进入一个“质”的提升的关键时期。加强内涵建设，提高软实力，迎接新一轮办学竞争，关系到高职院校的整体形象和未来走向，是高等职业教育发展的“硬道理”。我国高等职业教育在内涵建设方面面临诸多挑战，主要有以下几方面。

1. 高职教育的发展与扩张规模不符

我国高职院校的规模扩张为高等职业教育带来了发展机遇，其数量大幅度增长，一定程度上满足了人民群众对高等教育的需求，但也带来一些负面效应，集中表现在四方面：一是大规模的急速扩张致使供给资源不足。一个区域高职教育的规模扩张只有与供给资源相匹配才能有效地保证教育质量和实现可持续发展。二是过高的指标和超出能力的许诺使大众对教育的期待过高。三是教育财政预算与教育投资不匹配。四是部分学生学非所用或者用非所学，对教育资源和个人来说都是巨大的浪费。

2. 高职教育的适应性有待提高

我国高职院校绝大多数是在中专的基础上提升起来的，在培养人才的过程中留有明显的中专教育痕迹，无法满足社会的需要和职业发展的要求。

因此，高职教育的适应性需要提高。目前存在的缺点是：一是定位不够准确。某高职院校在教学上追求本科的课程配比，造成学生在理论上比不过本科生，在动手实践上比不过技校生，因而毕业生在社会上缺乏竞争力。二是盲目扩大规模追求经济效益，忽视教学质量。某些高职院校由于师资力量、教学资源都无法匹配院校规模，只能以牺牲教育质量为代价。三是教学经费投入不足，教学设备老化，更新知识缓慢，跟不上时代发展的步伐。

3. 高职教育面临严峻挑战

随着大众教育时代的到来，本科院校毕业生就业难问题逐渐凸显。为了摆脱困境，普通高等教育开始向职业高等教育渗透。职业高等教育通过专业甚至职业训练，使学生掌握就业所必需的专业知识和专业技能，以此提高学生就业的竞争力。由于普通高等教育的底蕴深厚、条件优越，“学生择校读书，单位择校用人”的状态使高职教育在激烈的高等教育市场竞争中处于劣势。高职院校唯有找准自己的定位区间和发展空间，以灵活的反应、准确的定位和高效的运作寻求发展，谋求错位竞争，走有自己特色的发展道路。

高等职业院校要在高等教育竞争中站住脚，关键还需要加强自身内涵建设，树立市场意识、品牌意识、特色意识、创新意识，打造和提升软实力，着力挖潜、苦练内功，增强自身独特优势，方能在竞争中立于不败之地。

（二）高职院校内涵建设的主要内容

关于高职院校内涵建设,《国务院关于大力发展职业教育的决定》(国发〔2005〕35号)明确指出:“明确职业教育改革发展的目标。进一步建立和完善适应社会主义市场经济体制，满足人民群众终身学习需要，与市场需求和劳动就业紧密结合，校企合作、工学结合，结构合理、形式多样、灵活开放、自主发展，有中国特色的现代职业教育体系。”国务院的决定精神，是对高等职业教育内涵建设含义最权威的描述。

1．质量建设

高职院校质量建设是高职内涵建设的目标，主要体现在学生的质量上。高职教育的对象是学生，学生的质量充分反映了高职教育的质量。评价学生质量最现实的标准：一是看就业情况，学生的就业率是反映学校教育质量的一个重要指标，尤其是对口就业率；二是看学生的适应能力和发展能力，以就业为导向的教育，其内涵建设必须也必然把学生能否顺利上岗就业作为重要目标要求。学生就业能力强弱，发展潜力如何，在岗位上的适应状况，稳定率、薪酬水平和稳定程度，应该是人们抓内涵建设重要的生存之道。学生只有被企业聘用或重用，才能表明学校培养的人才得到了社会的认可。高职院校要提高毕业生就业率，就必须抓好学生的思想、品质、职业道德、敬业精神、责任意识、法律意识，以及技术能力的培养，要求学生“好品德、好技能、好使用、好形象”，以满足企业对技能型人才的需求。

高职院校要加强质量建设，提高学生质量，提高就业率和学生的适应发展水平。

2．办学特色

在以内涵建设为导向的办学理念指导下，形成高职院校独具一格的办学特色。作为办学思想的物化与反映形式，不同的高职院校，有自身专属的办学特色与建设风格。社会的认可与学生的认同，是高职院校得以生存的保障。当下教育市场竞争异常激烈，不符合市场需求的高职院校难以站稳脚跟，只有办学特色鲜明的高职院校，才能赢得强劲的发展动力。

创新人才培养模式，强化高职院校的办学特色。高职院校应以满足学生的就业需求为根本出发点，探索生产、科研与教学相结合的新型办学模式，提高高职教师的教学水平和教学质量，培养可以直接投身企业的建设与生产、参加企业的服务与管理、动手实践能力强、职业道德水平和综合素质较高的技能应用型人才。在探索的过程中，注意不断总结并积累经验，重视改革创新，建设独具一格的办学特色。义乌工商职业技术学院依托义乌闻名遐迩的小商品市场，提出了“以就业为导向，让学生拥有市场”的办学理念，在人才培养模式上坚持“面向市场、面向学生、面向实践”的理念，走出了一条高职办学的特色之路，受到了中央电视台、中国青年报、中国教育报等媒体的广泛关注和认可。

因此，提升高职院校的办学特色，走特色主义办学道路，才是高职教育最有效的出路，才能在激烈的竞争中立于不败之地。

3．专业建设

高职院校专业建设高职内涵建设的重点，是人才培养质量的保证。专业特色、专业水平、专业影响力也是高职院校实力的综合体现。高职院校要大力加强专业建设，提升高职教育为区域经济、主导产业发展的服务能力，大力开发富有竞争力和鲜明特色的品牌专业，逐渐形成产业覆盖广、产学结合紧密、人才培养质量高的特色专业群。

目前高职院校的专业名称多，虽经指导性规范，但仍存在专业设置粗细失衡、覆盖面宽窄随意、众多专业交叉重叠的现象，带来在培养环节和组织教学及质量控制上的不确定性和随意性，对专业建设的长期资源积累和品牌打造带来很大的困难。

专业建设对于高职院校来说尤为重要，可以从以下三点着手，建设高职院校的专业体系。其一，围绕就业优化专业设置。各个专业的就业行情是专业设置必须综合考虑的重要因素，专业建设必须使毕业生明确未来的就业方向。其二，以学生专业技能的培养为中心，开发实践教学平台与实习、实训基地，使毕业生可以离开学校直接上岗就业。其三，为了适应全方位、专业化的教学模式，需要加强“双师型”教师队伍建设。此外，注重强化学科带头人的技能更新与知识积累。

4．师资建设

高职院校师资建设是高职内涵建设的关键。如何针对本校办学实际，建设一支专业精、能力强、学力高、作风优的师资队伍，是高职院校发展过程中所面临的重要课题。师资队伍建设在内涵建设中居于核心地位。

在师资队伍建设中，首先要考虑教师本身的能力是否适应以就业为导向的人才培养模式。高职院校强调人才的实用型和技艺型，所培养的人才是直接与财富的创造相连接的。作为高职院校的教师，其本身对岗位、对岗位群和对职业能力需求的把握至关重要，教师自身的能力与职业水平也不容忽视，优秀的教师团队是培养高技能型人才的重要保证。

科研兴校，高职院校教师还要加强对高等职业教育教学规律、人才培养模式改革、专业教学改革、课程体系改革、职业指导教育、学生管理、思想政治教育等方面的研究，不断探索职业教育的新动态、新思路、新发展，不断修改、完善自己的培养方向和方法。

三、高职教育的新理念

在我国高等教育步入大众化发展阶段的新时期，只有将先进的办学理念与整个社会的需求结合起来，才能发挥出巨大的建设性力量。

（一）高职教育趋于国际化

相比于西方国家的高职教育发展历程，国内高职教育起步较晚，没有较长的办学历史。发展之初的高职院校，注重校园建设与生源扩招，近几年开始将关注重点转移到与国际接轨的内涵发展层面。国内高职院校要走国际化发展道路，必须学习国外先进的办学理念，教学、科研与管理技术以及人才培育模式，打通横亘在国内高职教育与国际高职教育之间的壁垒，在相互交融的发展业态下，实现人才培养结构、目标与人才技能评价标准的国际化。

因此，国内高职教育的发展，必须具备国际化的战略眼光，时刻关注国际高职教育的发展与变化趋势，以海纳百川的胸怀，包容各个国家和地区风格迥异的高职教育理念、人才培养观念和技能评估方法，以科学的、发展的态度，积极接纳国际流行高职教育的新观点与新理论，踊跃参与国际高职教育大会组织的论坛活动和交流研讨会，争取培养出符合全球标准的国际化人才和新式应用型人才。

（二）树立高职教育质量观

对于高职教育教学质量的衡量，有多重标准，切忌使用单一尺度，对高职教育的教学质量作出衡量与评判。这里所说的多重标准，既指纵向的学历标准，如专科、本科、硕士、博士等评估维度，也指横向的内涵标准，如技术型人才、理论型人才、应用型人才、研究型人才等衡量指标。对于纵向的学历标准，人们通常容易理解，也备受重视；对于横向的内涵标准，却不曾被人们注意，因而常常位于被忽视的边缘。高职教育独具价值之处，正在于横向的内涵层面，高职教育是可以培养出应用型人才和技能型人才的高等教育。不同类型的高等教育，有自身独特的人才培养目标以及多样化的教学质量考核标准。

专注于研究型人才培养的高等教育，有研究型人才培育的教学质量标准；专注于理论型人才培养的高等教育，有理论型人才培育的教学质量标准；专注于应用型人才培养的高等教育，有应用型人才培育的教学质量标准。高等院校人才培养的类型定位不同，教学质量的考核标准也迥然相异。社会的发展与经济的繁荣，必然需要不同类型的人才。高等教育的发展，正是契合了社会发展的需要，从而专注于对不同类型人才的培养，并设有完全不同的教学质量考核标准。此外，不同的人才培养模式和教学质量标准，可以培养出世界一流的国际化人才。

高职教育必须树立精品意识与质量观念。虽然，技术应用型人才是高职教育的重点培育人才，但是，具备高级技能的研究型人才，也是高职教育的培养对象。以学生就业情况为指导方向，是本科性质与专科性质高等院校必须坚持的办学理念。高职教育只有立足于社会化的人才需求，以优质的管理服务和办学条件，培养出能够满足市场用人需求的应用型人才，提高毕业生的就业质量和就职层次，获得社会尊重与认可。

（三）高职教育以市场为导向

学生从高职院校毕业后，会面临市场的严峻考验。高职毕业生能否满足市场的用人要求，是摆在高职院校和高职学生面前的共同挑战。在精准定位市场需求方面，行政手段无能为力。因此，高职教育应该改掉以行政为导向的市场定位，转为以市场为导向。

以市场为导向的高职教育，必须完善质量保障机制，坚持高职教育为地方经济服务，满足市场的用人需求，以社会评价衡量办学水平，以人才质量作为评估教学成果的最终标准，以为经济社会的发展贡献力量作为高职教育发展目标。高职院校的毕业生，能否获得社会认可，能否为社会做出贡献，是评判高职教育办学指标与宗旨的实践标准。

市场对人才的需求标准是多元化的，高职院校应该善于培养多样化的应用型人才，发挥职业教育在理论知识传授与实践技能教学方面的优势，让高职院校的发展永远充满活力。

（四）高职教育寻求创新

就全球视野来看，高职教育作为新生事物，必须善于发散思维，摆脱传统思维方式的束缚，找到适合各国国情的新式发展道路。具体到教育观念方面，传统的单一型学历教育，正在经历科研教育、技能教育与学历教育的多维转变，教育理念由单一序列向多元并列过渡；在教育方法方面，传统的保守型教育管理模式，正在向选择多样化、服务商品化、内容套餐化、学制弹性化方向转变；在教学手段方面，传统的“三段式”教学手法，正在向生产、教学与研发相结合的工学交替模式转换；在专业建设方面，应该依托服务产业设置专业，根据行业发展前景筹建专业，推动产业兴盛的同时，加强专业的建设性发展；在各种课程的设置方面，职业基础课的改革应以“实用”“专业”“创新”为原则，思想政治理论课应重在培养学生的社会公德、职业道德和家庭美德，英语课程需要培养学生的听、说、读、写、译能力和用英语进行沟通交流的能力，数学课程应该重点讲解计算机知识与工程实验建模，计算机应用课可以采用开放式的教学手法强化因材施教，体育课程可以注重强化高职学生的身体素质锻炼、专项技能突破以及体育活动习惯的培养，实现寓教于乐式的教学。

（五）高职教育加强实践

高职院校培养的高技能应用型人才，必须具有极强的动手实践能力。总体来说，高职教育加强实践教学主要有以下四种途径：一是高职院校应该积极争取科研经费和项目建设经费，用于筹建校内实验室和实习与实训基地；二是对于高职院校分布密集的地区，可以建设校际资源共享平台，共建实习与实训基地，共同开展学生的实习与实训指导，安排高职教师的职业技能鉴定与在职培训；三是加强与当地企业的合作，校企共建就业与实训基地，带动当地经济发展；四是创建高职院校的独立品牌形象，发挥品牌效应的正向激励作用。此外，校企合作可以吸纳更多的高职学生参与企业建设与管理，保障毕业生就业率的同时，实现校企双赢。

加强职业资格证书改革，大力推进劳动准入资格证书和职业资格证书“双证并行”制度，将双证改革安排到具体的教学计划中，理论联系实际，发展教学活动同技术研发与推广、社会生产服务性实践之间的关系，确保学生毕业前可以获得职业技能培训证书和资格证书以及高等教育学历证书，增强高职毕业生的就业竞争力。

第二节　高职院校人才培养目标与培养规格

一、高职院校人才培养的挑战

（一）社会发展对高职学生提出高要求

随着经济全球化进程加快，一、二、三产业结构不断优化，科学技术突飞猛进，社会需求不断变化，对劳动者的素质提出了更高要求。传统职业教育是职业化的教育，各专业的学生有较强的岗位能力，但适应面相对狭窄。短暂的人才培养或许能满足某一个特定岗位的需要，但一旦职业发生变更，或是劳动组织发生变化，原有的职业技能在新环境下不能发挥作用时，他们往往会无所适从，从而失去谋生的手段。因此，高职教育要办出特色，对学生的要求不能仅停留在某种职业技能的获得，职业教育的课程目标不能局限于某种专业知识和技能的掌握，而应把掌握知识和技能、发展能力、培养良好的职业道德和个性心理品质等各类目标结合起来，从而提高劳动者的综合职业素质。具有了这种素质，就能以不变应万变，在纷繁复杂的职场上稳操胜券。也就是说，人才培养不能满足于现有工作的岗位能力培养，应具有前瞻性，重视关键能力的培养。关键能力区别于与工作岗位相关的知识与技能，它是劳动者从事任何一种职业都必不可少的跨职业的基本能力。它既不会过时，又可以应用于各种工作。一个人具备了关键能力，就能容易地实现职业的变动和岗位的转换，适应千变万化的劳动力市场需求。

（二）高职教育缺乏竞争力

1. 社会对高职教育存在偏见

近几年，高职教育蓬勃的发展势头逐步赢得了学生及家长的认可，但传统的高等教育形象使得社会上对高职教育仍存有偏见。高等职业教育在整个社会的宣传教育力度还不够，在一部分人眼里没有把它看作是高等教育的一种新类型，而认为是高校扩招下的“次高等教育”，认为接受高等职业教育是一种无奈选择。这在一定程度上影响了高职院校教师员工和高职学生的积极性。

2. 高职教育生源具有特殊性

从招收的学生看，以分数划批次招生使得高职院校的生源主要来源于三方面：一是普通高中中等以下水平的学生；二是五年一贯制初中中下游水平的学生；三是来自职业中学、技工学校、中等职业学校的专业对口学生。生源层次多、来源广、文化基础偏低，不同程度地带有自我约束力差和思想活跃的共性特点；他们缺乏刻苦学习的动力，人生追求模糊多变，不良习惯较多，对高等教育教学内容、方式的适应与接受有不同的难度，专业思想不稳定，兴趣广泛而不专。

（三）高职教育要紧贴市场需求

高职教育需要树立一个教育目标，称之为“零教育”，要切合市场对人才的需求点。这一目标希望学生可以利用在校时间，学习和实践自己所学的知识和技能，在毕业时，用人单位对于学生的职业能力能够实现满足，实现教育和就业之间零距离，此外，还需要用人单位对于职业学校的培养方式方法给出合理建议。

1. 调整优化知识体系结构

高职学生的录取分数上比较低，相应的教育也应针对理论知识提出了两种建议，一个是“必需”，另一个是“够用”。

(1) 适应程度。根据研究表明，高职毕业的学生都从事一线生产工作，像技术研发、管理以及营销方面，符合企业单位的用人要求，但是也存在弊端，就是后续发展并不理想，转岗能力不足，可发展的空间较小。

(2) 知识结构的完善。如今，产业以及技术方面发展越来越快，经济影响力在全球范围渐渐扩大，针对人才培养方面，一些用人单位提出了要求：第一，重点教育基础知识。例如，外国语言方面，高职院校学生外语能力普遍薄弱，对外文资料并不熟悉，更是对世界级别的专业知识不了解。第二，专业知识交叉方面。例如，机械和电子之间的知识可以进行交叉，具有复合性、现代化以及先行性，高职学生可以学习到更加复杂以及有技术含量的知识和技能，在用人单位中能够符合上岗要求。第三，学习经济方面的法律知识。高职学生应该进行法律知识的学习，对于将来就业具有十分重要的作用。

2．注重并加强能力培养

高职院校对学生的培养有以下三点。

(1) 技术操作培养。高职学生毕业之后会从事生产一线，但是他们缺乏技术操作能力，所以学校应该加大对于学生技术操作能力的培养。

(2) 组织协调能力培养。学习比较好的学生喜欢单独工作模式，缺乏对于组织协调能力意识，没有一个良好的共同合作意识。

(3) 培养独立学习能力。在高职教育中，独立学习很难实现，没有得到重视。所以，为了符合用人单位的要求，应该加强培养学生独立学习的能力。

3．高度重视关键素质的养成

关键素质包含四点，分别是合作、交往、诚信以及创业素质。下面是用人单位针对诚信以及创新素质提出可以采取的意见。

(1) 创业素质。这是高职学生必须要有的一项素质，同时也是企业比较看重的一个方面，甚至是新的人才市场需求。根据企业调查情况，很多企业对于员工的吃苦精神以及创业精神有着较高要求，但是高职毕业生缺乏这一素质。

(2) 诚信素质。诚信素质是高职院校需要重视的一项。用人单位主要注重三点：一是诚信素质，只有诚实守信的人，才能用心为企业的信誉、发展负责；二是外语以及社交能力；三是专业知识以及处理问题的动手能力。用人单位的首要标准就是诚信素质，所以诚信素质对于今后个人发展十分重要。

二、高职院校人才培养目标

(一) 高职院校人才培养目标的认识

高职教育的培养目标是确定高职教育人才培养模式的关键问题。从国家法律法规和政策来看，高职教育的培养目标定位有一个从模糊到清晰的过程。1996 年颁布的《中华人民共和国职业教育法》规定："实施职业教育必须贯彻国家教育方针，对受教育者进行思想政治教育和职业道德教育，传授职业知识，培养职业技能，进行职业指导，全面提高受教育者的素质。"教育部制定的《面向 21 世纪教育振兴行动计划》指出："高等职业教育必须面向地区经济建设和社会发展，培养生产、管理、服务第一线需要的实用人才，真正办出特色。"1999 年 6 月，《中共中央国务院关于深化教育改革全面推进素质教育的决定》指出："高等职业教育是高等教育的重要组成部分。要大力发展高等职业教育，培养一大批具有必要的理论知识和较强实践能力，生产、建设、管理、服务第一线和农村急需的专门人才。"2000 年 1 月，教育部印发的《教育部关于加强高职高专教育人才培养工作的意见》指出："高职高专教育是我国高等教育的重要组成部分，培养拥护党的基本路线，适应生产、建设、管理、服务第一线需要的，德、智、体、美等方面全面发展的高等技术应用性专门人才；学生应在具有必备的基础理论知识和专门知识的基础上，重点掌握从事本专业领域实际工作的基本能力和基本技能，具有良好的职业道德和敬业精神。"2006 年，教育部《关于全面提高高等职业教育教学质量的若干意见》指出："要全面贯彻党的教育方针，以服务为宗旨，以就业为导向，走产学结合发展道路，为社会主义现代化建设培养千百万高素质技能型专门人才。"

根据国家规定，高职院校的主要目标是为了培养社会主义全面发展的综合型人才。其中关键的词语是"综合型"以及"全面发展"，这些关键词是不允许被忽略的。因此，可以针对这个目标进行下列分析。

首先，需要培养的是全面发展人才。这不但是教育方针，也是教育本质，最主要的目的是为了让人全面发展。高职教育相对于职业培训，前者在技能和品质、实验以及理论上相互结合在一起的教育类型。

其次，需要培养高素质人才。高职院校往往将这一观点作为学校的定位观点，不仅是教育方面，还有培育人才方面。高职院校和中职院校相比，前者应该重点进行高技术人才的培养和教育。

最后，需要培养应用型人才。不仅是办学定位，更是人才规格方面。相对于一般普通高等院校而言，高职教育应该培养技术应用型人才。

以培养目标为基础，高职院校在办学方面的定位和本科以及中职，甚至职业培训不同。高职院校虽然有着"教育"和"职业"两面性，但是以教育为主。在"职业"方面，对于高职院校和其他高等院校相比，前者应用、技术以及实践性比较明显，主要是以就业和能力为主要方向；其"高等教育"的属性使高职教育相对于中职院校来说，技术水平更深入，培养的人才素质更高。

全面发展是对于人才的定义。除了职业技能方面的培养，还有人文、道德、社会以及综合素质方面的培养。全面发展统一表现在技术和情感的融合、知识和能力的综合、科学以及人文的结合等。如果在培养这些技能时，忽略其中一项，都是对于教育以及人才的不重视。

(二) 高职院校人才培养的特征

《教育部关于以就业为导向深化高等职业教育改革的若干意见》中明确指出：高等职业教育要“坚持培养面向生产、建设、管理、服务等第一线需要的‘下得去、留得住、用得上’，实践能力强，具有良好职业道德的高技能人才”。高等职业教育培养目标一般包含以下特征。

1. 人才培养体现全面性

全面性人才培养要在高职中展现出来。高职主要是培养能够从事建设、服务以及生产等一线的技术型人才，不仅需要人的才全面发展，更需要他们比其他人更有吃苦精神、合作能力以及社交能力，也应具备管理以及技术能力。

2. 人才培养体现国际性

近年来，我国在国际上的交流渐渐增多，在面对国际竞争中，应该重点培养具有国际竞争能力的人才。所以，高职教育应该具有一个新的内涵，即重点培养国际应用人才、在国际上能够有着良好的技术型人才。这些人才应该具备世界性的文化知识、了解国际规则、熟练国外重点国家的法律知识以及外交能力。

3. 人才培养体现发展性

高职教育主要是为了提高学生的职业水平，具有针对性地进行职业以及管理方面的培养。所以，在制定高职教育目标时，需要对终身学习以及发展观念进行确立，将目标确定在可持续发展的开发教育方面。这样可以让高职学生能够接触到更多、更高层次的发展教育，不但可以提高学生的创业以及就业能力，还可以将可持续发展能力进行有效提升，为学生的未来发展奠定基础。

4. 人才培养体现技术性

技术性是高职教育的主要目标，不但需要学生能够拥有职业岗位所需要的技术，还需要拥有技术领域的专业理论知识，学校要针对学生未来的技术转化进行重点培养，让学生可以在自己的技术岗位上有更强的适应能力。

5. 人才培养体现基层性

高等职业教育的服务需要面向基层、面向生产和服务第一线。这类人才要考公务员、进事业单位相对困难，毕业去向的基层性特征十分明显。工科类高职院校的毕业生，主要去工业、工程第一线，从事高新设备的维修、测试等方面的技术和管理工作；商贸类高职院校的毕业生主要在商务活动第一线，从事市场营销、商品流通等方面的技术与管理工作；农林类高职院校的毕业生，主要在农林生产第一线，从事农林技术的推广应用和生产一线的技术管理工作。

（三）坚持以培养目标为指向

职业教育不等于职业培训。构建高职教育的人才培养模式，应该以高职教育的培养目标为指向，以适应社会需要和人的发展需要为原则，以培养高等技术应用型专门人才为根本任务，以培养高素质和技术应用能力为主线设计学生的知识、能力、素质结构和培养方案。在人才培养中始终坚持培养目标与培养模式的统一，注意以下三个方面的结合与协调：

1．理论知识与实践技能相结合

理论知识与实践技能相结合，这是由高职院校人才培养目标决定的。高等技术应用型专门人才首先要具备很强的实践技能和应用能力，忽视了这一条就忽视了高职教育的特色，也违背了同家开办高职教育的本意。高职院校培养的学生必定不同于普通高校的毕业生，其主要区别在于高职毕业生属应用型技术人才，实践技能较强，这也是高职学生的优势和特色所在。但是高职的学生又不同于中职学生和一般技术工人，他们同时应该具备一定的基础理论知识和较高的综合素养，理论来源于实践，又指导实践。学生既掌握较强的实践技能，又具备相关的理论知识，知其然，也知其所以然。从知识分类的角度上讲，是既具有陈述性知识，又具有程序性知识，这样的人才是真正的高技术应用人才。联合国教科文组织《关于职业技术教育的建议》中指出，职业技术教育“应为工作能力强、愉快的职业生涯奠定基础。它应该使学习者获得在某一领域内的若干职业所需要的广泛知识和核心技能，使个人在选择职业时不至于受到限制，且能在日后的职业生涯中从一个职业转到另一个职业”。

这就要求人才培养模式既要重视理论教学，更要重视实践教学，二者缺一不可，紧密结合。首先在课程设置上要保证二者比例的协调，一般应保持理论与实践 1∶1 的比例；其次是要保证理论与实践课程的落实，理论教学要与学生的知识水平相适应，实践教学要真正落到实处，核心是“双师型”教师和实践教学设备设施的保证。真正做到理论教学与实践教学双翼齐飞，统筹兼顾。必须摒弃重理论轻实践或重实践轻理论的教学模式，只有这样才能保证高职培养目标和培养特色的更好实现。

2. 科技素养与人文素养相结合

高职院校培养的人才应该既具有科技素养和科学精神，又具备人文素养和人文精神，二者的协调融合才是完整的教育。因此，既要培养人才的“高技能”，也要培养人才的“高素质”。爱因斯坦说过：“只教给人一种专门知识、技术是不够的，专门知识和技术虽然使人成为有用的机器，但不能给他一个和谐的人格。”德国教育哲学家雅斯贝尔斯在《什么是职业教育》中也对德国的职业教育提出了明确警示：“今天人们关注科技人才的培养，但对此人们必须小心从事，因为人们为科技人才的匮乏而震惊，而其所造成的后果却变得模糊。培养出来的科技人员只是服务于某些专业的工人，他们并没有受到真正的教育。”这里所指的教是指完整意义上的教育，也即科技素养和人文素养相融合的教。

这就要求教育教学过程中真正树立育人的理念，摒弃残缺不全的教育，转变职业技术教育的工具价值取向，培养“高素质”加“高技能”的人才；在课程设置上精心设置人文教育的课程，创新教学方法；在教学目标设计上既注重知识、技能的培养，又注重态度、行为、价值观的培养；通过大学生素质拓展计划和丰富的校园文化活动，潜移默化地培育和熏陶学生的情操、品行和人格。高职院校要特别注重自身文化的积淀，营造浓厚的校园文化氛围，培育大学精神，让学生在人文气息浓郁的校园学习知识、掌握技能、涵蕴德行，使学校成为学生的精神家园。

3. 促进社会发展与个人发展相协调

根据我国发展需求以及现代应用人才要求，高职教育逐渐占领主导地位。在制造业，我国占据着主要位置，制造业的生产总值占比较大，有一半的税收收入来自制造业。就目前形式看，我国制造业虽然庞大，但是生产率较低，仅占世界5%，最主要的原因是技术才人的匮乏。我国仅是技术工人空缺已达到 2 200 万人，高级技工空缺 60 万人，特别是高级技工更是少之又少。之所以要大力发展高职教育，就是为了能够培养出大量技术型人才，这样经济的发展才能够得到满足。

高职教育的主要目的是能够促进经济发展，在经济发展需求基础下，进行专业以及课程的创立，让专业和市场很好地融合在一起；课程以及岗位相互协调；有着相同的用人以及培养目标。

教育所服务的对象是社会经济的发展，但最后都是为了人类的自由发展所进行的服务。所以，教育是为经济发展以及受教育者的发展而进行的服务，并且能够让这两方面进行融合。高职教育培养人才，也是为了经济的发展；在服务社会的同时，本身也得到发展。因此在办学中，应严格遵守教育要求，不论是课程设置，还是教学模式，都应以人为本，要将这两方面结合起来，不但要培养学生的技术能力，还要培养学生的人格以及品德，让学生在教育中能够得到更加全面的发展。

三、人才培养规格的基本内容

人才培养规格实际上是学校人才培养目标的具体化。高等职业教育的人才培养规格应是适应经济社会发展需求的生产、建设、管理、服务第一线的具有职业理想、职业道德、创新精神与实践能力等综合素质的优良的技术应用或高技能型人才。下面着重从技能、知识、能力和品行四方面进行阐述。

（一）大力培养高技能人才

在技能层次当中，高技能属于最高级别，它不仅可以让学生掌握建设、生产一线的技术，还能让其掌握专业的理论知识及熟练的操作能力。技能的划分可以分为两种，一种是心智技能，另一种是动作技能。在普遍的技能当中，技术以及动作技能在工业化中尤为重要。掌握一定的理论知识以及技术经验，不但可以进行熟练操作，还能增强操作能力。

针对技能人才划分了六个特点：第一，一线性，指生产、服务以及建设的一线；第二，实践性，是有着详细的作业线、设备操作以及维护等技能；第三，基础性，主要指工作成效和效率、质量以及物化过程有着很重要的关系，在企业技术创新中有着不可取代的地位；第四，规范性，主要指在操作过程中，需要有着严格的技术规范并且要严格执行；第五，复杂性，主要指要及时适应现场，能够立刻发现并且处理现场出现的问题；第六，合作性，主要指工作当中的共同合作，要有合作精神，根据集体力量完成工作。

高技能并不是单纯指技能，还包含知识以及智能。如果没有这些前提，高技能人才就不会发展为核心骨干，也不会成为技术技能的代表以及主体，也不会很好地解决各种技术问题。因此，高职人才和普通本科相比，前者需要在专业知识方面不断拓展，主要培养解决问题的技能。在理论知识方面，高职学生只需要做到在“必需、够用”的前提下，积累经验。“必需”指在知识上能够满足专业能力需求；“够用”指从深度方面来看，与本科学生比较，高职学生的要求无需太高。所以，要合理地将学生的理论知识进行设计，不但可以保证学历要求，还能够满足技术标准。理论知识不在于对内容方面的推理，而是介绍应用范围、方法以及举例。知识理论主要给学生进行技能以及能力的培养；分析以及解决问题的能力主要从实验、考试中进行获得，但是也不要忽略培养人文素质。过去，人们常常认为人文素质的培养与学生的就业关系不大，或者仅仅是在面试时展现一下自己的才艺。实际上，学生的人文素质不仅体现在个人领域，而且也是现代职业所必需的要求。

文化素质的提升对于学生以后的发展和就业都有很大帮助。但是仍有很多高职院校并不看重这一点，往往忽略了对学生这一方面的培养。人文教育主要体现在选修课、讲座、学校活动方面的展示，学校不能简单地在技术以及人文中理解，需要融合技术中的人文，因为它们是没办法分开的。另外，它还是有着反思以及批判的作用。

（二）重点加强能力提升培养

高职学生的能力结构，一般来说可分为三个层次。

1．核心能力

核心能力主要包含五个方面能力，即决策、管理、接受新技术和语言以及认知能力。这五种能力之间是相互牵连的关系，核心能力和交集能力有着很大的关系，会逐渐演变成竞争力，主要表现在技术应用以及高技能人才的特点方面。

2．相关能力

相关能力主要包含六种能力，其中以合作、创业、敬业以及加工能力最为主要。这些能力主要是为了巩固核心能力而产生，是核心能力变强的基础条件，能够很好地提升应用型以及高技能人才素质。

3．外围能力

外为能力主要包含三种能力，其中发展、自我推销以及自学能力最为主要，也是作为技术人才以及高技能人才基础，同时在源源不断地提升核心能力。

如今，职业有着多种多样的选择，转岗以及角色互换越来越严重。所以，在进行人才培养时要着重全发面，不但要学会职业技术，还要学会如何为人处事。

（四）培养学生的良好品行

高职教育学生不但需要有社会责任感，还要有职业规划以及职业道德，要有创业精神；要有面向群众的思想观念，实事求是，诚实守信的思想，吃苦耐劳的工作精神，在工作过程中做到独立思考以及创新能力和精神。以下是对品行素质的分类。

1．基本素质

基本素质主要包括创新、敬业、独立以及诚实精神，这些基本素质在高职教育中需要得到重视。

2．个体素质

人体素质影响着人类的行为，也是人类行为的源头。个人素质同时也决定了以后所受的教育以及今后发展，属于隐形素质。个体素质决定着一个人的事业成功与否，主要内容是要尊重个人的选择和发展。

3．核心素质

做人做事是核心素质主要的内涵体现，要会学习、发展以及生存，这也是未来人才所必备的。但是，需要注意社会以及行业对于人才的需求不是静止的，是随时变化的，所以培养人才的方式也要及时进行调整。

第三节　高职人才培养的主要评价机制

高职教育的一切教育工作和教学活动都是为了培养高技能的专业人才。坚持以就业为导向，突出职业素质和职业技能的培养，是高职教育的基本特征，其最终成果就体现在高职学生的就业能力上。高职教育是高等教育大众化的产物，不能用传统的精英教育的评价体系来对待高职教育。因此，对高职生的评价既要体现普通高校具有的高等教育的共性，更要体现高职生的职业特殊性。

一、高职评价的原则和思想

对高职生学业评价和素质评价是整个高职教育评价的重要组成部分和基础。高职院校办学水平评价、专业水平评价、课程质量评价、教师评价、管理和管理干部的评价，都离不开对高职生的质量评价。因此，对高职生进行全面、科学、准确的评价，是一项非常重要的工作，有利于提高高职生的自信心、就业竞争力，有利于学校更好地做好人才培养工作。

（一）高职评价的基本原则

评价不是目的，而只是实现目的一种手段。对高职生的评价，要紧紧抓住提高高职生质量水平，提高高职生的就业能力这一根本目的，把形成性评价和总结性评价相结合，把阶段性评价和毕业评价相结合，坚持做到以下几点。

1．激励性原则

评价要突出学生的特长和优势所在，激发潜能，树立自信，发挥学生的长处。要注意全面解释评价的信息，慎重处理评价结果。注意发挥评价对象在评价中的作用，正确地对待自评、师评和综评，正确地对待考核和测试。充分发挥评价的改进和激励等重要功能，为高职学生的发展提供有价值的建议或意见。

2．全面性原则

注重多角度评价，尽量做到全面、客观、科学、准确，防止出现以偏概全和主观臆断。坚持素质、智量、行为和效果辩证统一的全面性评价，突出职业素质和职业技能的评价。

3．发展性原则

评价应遵循动态性原则，将评价过程转变为培养过程，要努力实现评价主体的动态组合，努力实现评价内容、评价主体、评价手段方法的动态发展。评价信息的采集应是个连续的过程，并不断修正信息误差，使评价符合客观实际，以获得更准确、更丰富的评价。

4．开放性原则

教育质量是一个相对的、动态的概念，注重多种评价主体的综合信息反馈。注意课程内外与校园内外评价的结合，如学生实习单位、用人单位对学生职业意识、专业技能、发展潜力的评价；注意职业素质与学习成果的结合，重视就业技能的发展；注意在读期间评价与就业后长期评价结合。

(二) 高职评价的指导意义

1．反映高职院校的教育教学质量

高职评价，既要对高职生负责，又要对整个高职教育事业、教育者和管理者负责。通过评价，及时发现问题、发现潜能，明确改革方向，采取恰当的措施，才能有利于多出人才，出好人才。为此，要多角度、全方位、科学地去收集有关信息，并认真分析、加工和整理，以形成准确客观的价值判断，如实地反映教育教学过程(形成高职生职业技能和职业素质的过程)和结果，肯定成绩，找出差距，为迈上新台阶再努力。

2．调动高职生的积极性和主动性

高职评价有利于充分发挥高职生在评价中的主体地位。在整个评价过程中，让高职生积极主动地开展自我评价是很重要的环节。古希腊哲学家苏格拉底曾说：“认识你自己”，这包括认识自己的现状和未来，发现自我潜能和奋斗目标。因此，对高职生的评价的根本受益者，恰是评价对象自身。对高职生评价，有助于高职生了解自己的学业成绩、学业价值、全面素质养成的状况，发现其价值观和潜能提供依据；又能为判断学业水平、就业能力提供证据。也就是说，评价可使被评价者认识自己的人生价值之所在，从而强化自我意识，促其自我激励、自我调控、自我促进。

3．有利于加强教育的针对性和有效性

通过评价，教师、管理者能更全面、深刻、真实地了解所教学生的具体情况，更有针对性地进行教育和教学工作，使每个学生的德、智、体、美各方面都能得到最好的发展。因此，对高职生评价不能以传统的学业眼光来衡量，他们虽不是“传统考场”上的佼佼者，但他们身上有很多优点：如动手能力较强、适应性较好、更珍惜机会与荣誉、更能化激励为动力等等。实践证明，高职生虽不能成为学术精英，却满足了社会对人才的多元化需求，成为优秀企业家、优秀管理者、优秀经济人、高级技工的比比皆是。在总体水平上与普通本科生并无区别，在社会职业分工的基层岗位上，高职生往往占有更大优势。所以人们要改变传统的观念，树立科学的高职学生观、高职教育质量观。如义乌工商职业技术学院就提出了“获奖学金的是好学生，受企业重用的更是好学生”的评价理念。

总之，通过对高职生的精心评价，可以促进高职教育目标的实现，增强高职生的就业能力，提高高职生的就业水平。

（三）高职评价的依据

1．根本准则

高职评价需要以社会主义高职教育目的为根本准则。高职生质量评价，应满足高职教育目的对高职教育价值的要求。我国高职教育的教育目的，是为生产、建设、管理、服务的第一线培养大批应用型高技能人才。

2．基本依据

高职评价需要以高职教育人才培养规格的质量要求为基本依据。高职教育培养的不是学术型人才，而是标准职业人。高职毕业生应具有良好的职业素质和必备的职业技能。因此，对高职生实施的评价要以高职人才培养规格的质量要求为基本依据。

二、高职评价存在的问题

在我国，由于高职教育的大规模发展起步较晚，对高职人才培养特殊性认识不足，出现了这样的一种状况：高职院校人才培养考核评价普遍存在“考核内容、方法”与“高职人才培养”宗旨差异分离。基于这样的缺陷存在，针对这项工程的填补，成为一直以来的教学改革方向，而且已取得不容小觑的成效，达到以培养职业能力和基本素质为主要探索目的，将理论教学与实践教学相结合。这样的成果并不是面向全部院校，目前来看，还存在很多不利于教学发展的因素：①大多院校技能的考核比例在考试中的比例极小，甚至低于20%；②考核方法主要是闭卷、笔试，这样传统的考核方法对于创新和发展具有一定阻碍作用。学生能否被评为优秀学生，也总是以考试成绩来衡量。

（一）考核偏重记忆知识评价

对于传统的教育教学继承，只是表现在考核方法的继承，还有强调记忆性知识考核，这样的目标使得具体的方法简单，以“笔试考核”作为主要的方法，取代现在普遍的考试、操作考试、演示考试、面试。

上述提到的重视笔试成绩，相应地缺少对知识的运用能力，造成学生片面追求分数最高化，相较于实践更在意书本的理论性。“死记硬背”成为学生追求高分的主要手段，“考试前强化记忆”成为应对考试的主要方式。以上现象造成学生重视理论，轻视实践应用的局面。

这种局面对于学生以及社会的发展显然是不利的，高职教育的主要内容包括生产、经营、管理、服务等，这些内容的产生目的是为了在社会加以应用，如果“学生重视理论，轻视实践应用”，那么则很难实现这个目标。基于这样的原因，人们需要对教育考核工作作出调整，比如以职业岗位能力作为考核基础，添加实践考核标准。通过这样的考核方式，进一步提升学生的实践应用能力，满足学生在未来的职业需求，达到职业标准，学校才能以此为基点，对教学活动进行正确的调控，以保证高职教育始终贴近职业岗位的需要。

（二）学业成就评价以学习成果为主

某些高职院校按本科的教育模式，沿用传统的“三段式”组织教学活动，注重学科的系统性，按基础课、专业课、实践课的顺序，每学完一门课程由教师进行一次考试，并给予学生一个分数，最后以学完所有课程是否合格来作为评价学生毕业的标准。其实，学业的毕业证书只能表明学生完成课程学习的基本情况，而不能反映学生的综合能力水平。许多考试成绩优秀的学生走上工作后表现平平，而一些考试成绩一般的学生反而工作能力很强，很快得到企业重用；有的则是毕业之初就走上创业之路。现代社会中学生学习成果不单是指人的博学，更应包括态度、能力、情趣、理想、习惯和社会适应等在内的各种“行为变化”。

三、高职评价的标准与方法

(一) 树立全新的高职教育功能观和质量观

在我国高等教育大众化的过程中，对教育功能的重新认识很有必要。彻底转变教育、教学观念，要树立全新的高职教育功能观、质量观。随着社会的不断发展变革，尤其以21世纪最为明显。自教育部提出高职教育要“以就业为导向，以服务为宗旨”，使得学校的教学工作强调对于学生的实践能力和综合素质。这样的转变是积极的，使得学生以就业为学习目标，让就业成为学校的教学方向。

关于这些因素在学校方面主要表现在以下方面：①从导向模式出发，教学方向变化到“重视就业技能和发展能力”；②从能力结构出发，更注重培养职业能力，加强实践能力、操作能力、应用能力、现场组织管理能力；③从教学组织方法出发，大多使用现场教学、实习实训、实际操作；使用实训法、讨论法、实际操作法和现场经验法；④从传授技巧方面，将理论和实际应用相结合，注重知识的应用性；⑤从观念转变出发，培养学生“学习与经济”“学习与职业生涯”相促进工作；⑥从教师团队出发，加强教师的“高质量”，表现在不仅要求专业，而且是“双师型”，还要考虑聘请行业企业专家作为兼职教师，加大投入力度。

上述提到的六种学校教育转变形式，对于高职教育在“培养目标定位”和“高职教育的个性定位”是一个有效联合。这样的教育有利于让学生在学习的同时，也注重职业观念，学会做事、学会做人。

(二) 树立特色质量观标准

(1) 注重专业技术和职业素质对于人才培养的质量标准，注重学历证书与职业证书平等对待；基于高职教育的“培养高技能型人才”教学目标，在教学过程中，需要关注学生学习成绩的同时，注重对于他们的职业技术能力和实践能力培养，要求学校“学历证书与职业证书平等对待”，甚至在职业证书的数量上，不仅是数字“1”。因此，要完成上述目标，需要多方共同合作：一方面需要高职教育强调技术技能的考核要求；另一方面强调学生的个人特色展现，这样在证书获取上会显得较为便利，也更具竞争性。

(2) 注重地方区域经济发展与市场需求特色人才培养质量标准的有效结合。高职教育最终是为了将人才输送到需要的地区，为地方经济发展带去人力资源和技术保障。所以，在人才培养中要注意提高应用意识，努力将理论培养和地方经济、地方市场连接起来。在学生意识中树立一种“对应服务”意识，自觉关注地区市场需要，发展自身的特色技术，为未来的就业发展打下坚实基础。

(3) 在考核方式选择上，要突出高职特色人才培养质量标准，为地区经济和市场提供高效服务。要达到这个标准，需要重新重视传统的考试方法，例如合作能力、创造能力、组织管理能力、人际交往能力、社会适应能力、职业技能等，这些方法现在也许已经很难实现，但是这些因素正是现在特色人才所应该具有的。当前，对于高职教育的任务是教师要充分调动这些传统方法，进行创新，使之能够满足现在的特色人才选拔要求。重视对学生专业技能技巧的培养及对学生所具有的“应变、生存、发展”潜质的挖掘。

(4) 开展学生素质的考核与评价工作，科学规划考核评价制度。随着社会主义市场经济的发展，社会人才市场对从业人员素质的要求越来越高，特别是对高级实用型人才的需求更讲究“适用”“效率”和“效益”，要求应聘人员职业能力强、上岗快。这就要求高等职业院校的毕业生，在校期间就要完成上岗前的职业训练，具有独立从事某种职业岗位工作的职业能力。开展学生素质的考核与评价工作，将学生素质的培养纳入到人才培养计划中，制定学生素质培养教学大纲，设计学生素质考核与评价方案，有助于培养学生的职业能力、人文精神、协作意识，培养学生的创新精神和实践能力。

(三) 树立多元化评价的观念

1. 重点培养综合素质

高职评价的总评标准是要以综合素质为本位。相较于普通高校，高职院校由于职业教育的特殊性，它对学生学业成绩的考核标准应该突出对学生实际能力和综合素质的考核，学业至上的学生也好，创业创新的学生也罢，关键看其是否具备了相当的能力，即以综合素质为本位。目前，随着我国高等职业教育教学改革的不断深入，以及素质教育的全面推进，社会对高等职业学校学生的要求也日益全面。《中共中央国务院关于深化教育改革全面推进素质教育的决定》中明确指出：使学生在德、智、体、美等方面得到全面发展是素质教育的根本目标，培养学生的创新精神和实践能力是素质教育的重点，坚持面向全体学生、尊重学生身心发展特点是素质教育的基本要求。高等职业教育以培养适应生产、建设、管理、服务第一线需要的高等应用型技术人才为根本任务，应当将技术与职业综合能力作为高级应用技术人才的主要特征。这就要求建立与培养目标相适应的、以考核学生综合素质为目标的学业成绩总评标准增加学生在职业资格证书、技能大赛、作品展示等优势技能方面的权重，在重视学生对理论知识掌握的同时，强化对实践技能的掌握。

2. 采用“3+X”的考核方法

这里的“3”指平时考核、阶段考核、毕业考核：平时考核直接在教学过程中进行，注重平时表现、学习态度、职业意识，可以调动学生学习的积极性，也有利于学生养成良好的学习习惯，促进非技术性知识的掌握；阶段考核指一个实习项目结束或劳动岗位轮换前及期末的考核，这种考核是在系统联系或复习作业后，按照教学大纲对该阶段所规定的考核内容而进行的，结合其培养目标和专业特色，注重实践技能考核；毕业考核要求全面检查学生掌握专业技术知识和操作技能的程度，突出对学生综合应用能力与素质的考察。而“X”主要是针对本专业将来面向的职业岗位群的某项实践技能的考核，是对学生职业能力的考核，对真正体现学生层面的，如资格证书、技能等级、作品设计及所获技能大赛奖项等技能特长因素的关注，通过这一项，可在很大程度上反映出学生的潜力，以及未来职业能力发展水平。

3．知识领域结合技能领域

高等职业教育学生学业成绩评价体系应同时兼顾知识领域和技能领域，既要注重对体现本专业发展前沿的知识领域能力的考核，又要注重对实际工作职业技能领域的知识的考核。建立一套以就业为特征的技能人才评价考核体系，使职业道德素质、职业技能及心理适应能力都能得到比较准确的检验。

劳动和社会保障部《关于健全技能人才评价体系，推进职业技能鉴定工作和职业资格证书制度建设的意见》提出：“逐步健全以职业能力为导向、以工作业绩为重点、注重职业道德和职业知识水平的技能人才评价体系。对技术技能型人才的评价，在现有考核模式上，突出实际操作能力和解决关键生产难题的考核要求，并增加新技术和新知识的要求。”根据这一原则，科学构建高职学生职业能力评价体系。一般而言，该体系至少应包括以下两方面的内容：一是职业能力测试，如尽职能力、计划能力、组织能力、控制能力、表达能力、语言能力等；二是职业人格测试，如敬业精神、自律精神、责任意识和服从意识等。

4．采用多样化考核方法

由于人才行为能力的呈现形式是多样化的，评价人才的方式也应该多样化。评价手段多样化是今后考试、招生的一个趋势。针对高职生的评价工作展开，应该始终以“高职教育的培养目标”或者“高职教育的本质”为基础，在考核高职生“技术应用能力高低”基础上，采用多样化的考核方法。

华东师范大学教科所刘德恩博士针对《职业能力评价的三种模式》，结合国外职业能力评价，在此之上加入行为样本、工作现场观察和已有绩效三种评价方法，被众多实践证明是积极有效的。下面将对这三种模式进行具体分析：

(1) 行为样本评价模式。这是学校教育评价的经典所在，认为职业能力能够经可以施行的典型活动提高和展现。为了完成这个想法，需要保证评价项目(职业活动样本)设计合理，评价项目成功到达所需能力与实际工作所需能力相等。

(2) 工作现场观察评价模式。这是企业在职培训中最普遍的方法，脱产培训有时也会用到。为了实现这个模式，特别强调对于“被评价者”的行为掌控，例如对于人们现实工作的现场观察记录、其他操作记录(产品、录像、服务追踪调查等等)。

(3) 已有绩效评价模式。如何保证这项模式的完成？从名字上便可以看出，“已有绩效”是主要的关注对象，在记录和追踪过程中，发现最具代表性的事情，然后进行鉴别、评价、认定职业能力。其中，“查阅工作绩效记录”是最主要、最便捷的获取方法，但是不只局限于此，还要进行一系列追踪面谈、口头、书面提问、模拟操作，得到最终的完整且准确的评价。

除了上述提到的几点之外，对于高职教育质量指标评价体系还要充分考虑其他因素的影响，例如高职教育的独特性、就业市场需求多样性、学习者差异性等。针对存在的多种因素，要求做到：①注重教育教学中的过程管理；②保证评价内容的实用性、实践性、技术性；③保证评价方法的先进性、多样性、灵活性、客观性；④保证结果的科学性、客观性和公正性；⑤强调工作现场考核，尽量少采用传统考场考试，可以把考核的重点放在学生实际工作成果上面，注重学生的实践成果，弥补传统的“死记硬背”缺陷并且注重学生的全面评估，避免传统抽样检验的缺陷性；⑥注重学生的应用实践性，在对于学生各科成绩和技能等级证书方面，要注意平等对待，还要在关注最后结果的同时，对于如何取得成果的中间过程给予问候和关怀。

建立以就业为标准的高职教育考核体系。强调以多种考核方法替代之前的单一考核方法，积极开展如问卷、开卷两种考试共同使用；笔试、口试共同使用；面试、笔试、技能操作共同使用；论文、设计、制作、撰写调研报告、答辩共同使用；采取无标准答案试题也是极其有效的一种考核方法，在考核之中，学生可以自由发挥，对于学生的思维扩展、实际应用、思想延等方面都是极其有利的。

(四) 树立利用市场评价的意识

评价的本质是一种价值判断活动，是对客体满足主体需要程度的判断。评价是通过广泛收集信息，为今后的决策提供有用信息，以利于工作的不断改善，达到教育价值增值的过程。以就业为导向的高职教育，其培养的学生成功与否，可以通过市场的欢迎程度进行检验。

对于评价工作，国外衡量一所学校育人水平的高低，主要采用下列七个指标：①学生就业率。通过对一个高校的毕业学生就业情况，可以给想要选择本所学校的人一个重要指标；从毕业率数据分析，可以了解这个学校的教育水平。②就业对口率。通过分析就业中学生在校的专业与结业职位是否“对口”，可以知道学校对于专业的确立是否具有科学性、社会需求性。当这些指数都居高时，说明这个学校的综合办学效益高。③职业稳定率。考察学生毕业之后所在岗位的任职情况，是否长期稳定在一个职位，多年后的职位与毕业时的职位是否一样。当这个稳定指数越高时，能够看出一个学校对于学生技能水平、职业素养的重视程度。④岗位晋升率。针对学生的提升能力而言，如果一个学生和同时期的同类学校中毕业生相比，在相同岗位上的职位有所晋升，而且这个频率和强度越大，越能够反映出一个学校对于学生的综合素质培养力度越大，说明这个学校在朝着更好更快更高效的方向进步。⑤学生的满意率。在于学生(在校生和毕业生)对学校的满意率，其中要特别强调对于毕业生的“满意率”分析工作，毕业生可以通过走出学校的经历，结合社会需求和学校的教育重点、教学内容等作出一定联系，在此之上建立评价工作更为客观，也更为科学可靠。⑥企业的满意率。强调社会用人单位对学校的满意程度，在学校为用人单位输送大批人才的同时，他们在意输送人才的“质量”，而且这样的连接关系是极其密切且直接的，是一种极其专业的，总结度、概括度极高的评价。⑦工资水平。主要比较对象范围是同类学校的学生，毕业学生的工资水平是高于还是低于所比较的对象工资水平。

高职教育的主要目标在于为社会输送越来越多的高技能人才，那么，与此相关的评判标准必然在于所培养的人才是否受到用人单位的喜欢。我国长期以来采用的“行政主导型”管理体制，使得高职教育教学工作能有序开展，而且具有极大的权威性、科学性、可实践性，适用性极高。但是在此之下，也存在一些严重不足，例如制定标准专家的“专业度”问题，这些专家经教育行政部门聘请，大部分源自高职院校，而缺少源自行业和企业的专家，不可避免地缺少一定实践性；当标准完成之后，也不进行行业、企业专家征询过程，这些都在一定方面制约了学校对于地区经济的市场需求的了解，制约了用人单位对学校发展水平的掌握，使得整个评价标准比较片面、降低专业性，缺少权威性，在此之上产生的大量质疑声音在所难免。

再加上评估方案注重“过程评估”，对于学校来说，大大延长了众多文献资料的筹备工作，消耗大量不必要的人力、物力，结果仅仅是为了应对专家评估、查阅，不利于学校的发展。在这个准备过程中，由于时间紧、任务重，所以可能出现大量的“填补工作”“仿造、乱造工作”行为，无法真正反映学校情况。所以，要确保评估工作的展开，需要建立“以就业为导向”的办学目标，将传统的注重“过程评估”调整到“重结果评估”，强调学生和用人单位对学校办学水平的评价，给予有效的评估工作；积极汲取国外评价工作经验，使我国高职教育的评估标准愈发科学化、准确化。

外审性评价，是由系统外、行业外的第三方质量管理认可机构主持评价，例如在企业界，英国的BSI、德国的DIN、法国的AFNOR、美国的ANSI、日本的JISC进行的质量评价，它们进行的评价不是由本系统、本行业主持的，而是由系统外、行业外的第三方质量管理认可机构主持的。近年来我国教育界也逐渐兴起了借鉴企业界使用外部评价的做法，特别是在教育质量管理领域，但是这种评价仅应用于极少数的学校中，大多数的学校不了解甚至不去关注这种外部评价。外部评价在评价对象、评价标准上改变了“用自己定下的标准衡量自己”的局面，凸现了评价对象的可外审性、评价标准的非专有性，提高了评价的透明性、公开性、客观性，其结果易于被评价系统外的社会各界人士所接受，是客观的而不是“自封”的。

为了促进教育质量的提高和转变政府职能，教育部已成立了“中国高等教育评估中心”，由这一中介机构负责进行高等学校的水平进行评估。总的来说，这种方式较为明智，起到了良好的作用。

第四节　高职教育对师资队伍的要求和培养

“以就业为导向”的办学思路的实施对高等职业教育的师资队伍建设提出了一系列新的挑战。一个有特色的人才培养模式的构成不仅要有一套特色的课程开发模式、教学模式、管理模式、学习模式作内涵，更要有一支好的教师队伍做支撑。

一、高职教育师资队伍构建概要

（一）师资队伍构建的本源

学生从来都是师资存在的基本前提。学生的存在、变化和发展决定着师资的存在、变化和发展。高职院校师资队伍建设遵循这一规律的主要行动是要清晰具体时空条件下学生发展的主题，并以此为师资队伍建设之本源。

1．以学生的发展为本

新时期教育的根本出发点和落脚点是“以学生的发展为本”。

“以学生的发展为本”从根本上规定了人才培养的标准必然是师资队伍建设的依据。关键问题是什么是学生发展之“本”？国际21世纪教育发展委员会提出了教育的四大支柱：学会求知、学会做事、学会做人、学会共处，揭示了学生发展之“本”，这就是“本知”“本事”“本性”“本源”，支撑着学生发展的自悟、自立、自主与自容。以学生为本建构师资队伍，就要紧紧围绕“四大支柱”，设定师资队伍的学历、素质、数量、结构等基本条件。这个基本条件应当贯穿在师资队伍建构的初期、优化以及未来发展的始终。

2. 围绕“四大支柱”构建师资队伍

以“四大支柱”为核心，打造质量过硬的高职师资队伍，需要高职教师培养学生求知、为人、处世和交往四种能力。

帮助学生学会求知，必然引起两个主体的根本性质发生转变：一是学生由“受知”客体转变为“求知”主体；二是教师由讲授知识的“主演”转变为传授一技之长的“导演”。教师要改变传统的教学活动主题，既要讲授知识，又要端正学生的学习态度，培养学生的学习习惯，优化学生的学习方法，提升学生的思维技能，以期达到学生自主学习的理想境界。

帮助学生学会为人，实质在于培养并发展学生的完美人格，实现学生自然化与社会化的和谐统一，使学生的认知、情感与行为保持一致；既鼓励学生发展独立人格，又在潜移默化之中，将职业道德、社会品德和家庭美德综合融入学生的社会人格，兼顾学生的自我实现与社会奉献，以个体发展促进社会变迁。

帮助学生学会处世，必然引起两大教育重心发生转变：一是人才培养方案中的学历本位重心，转变为能力本位重心；二是教育绩效指标中的分数评估重心，转变为就业评估重心。处世之道需有一技之长，要求学生必须加强自身技能的修炼，根据就业市场的岗位需要，强化自身专业学习能力，实现学校毕业与社会就业的完美对接。

帮助学生学会交往，实质在于培养并发展学生的沟通能力，增进学生与他人的友好关系，在与他人的互动中促进社会和谐；积极融入社会，树立交往意识，加强自身素养，以期获得社会对自我的接受与认可。

围绕“四大支柱”开展的育人工作，对高职教师提出了高标准的新要求。高职教师需要有知识积累，掌握科学的教学方法，善德修身的同时，注重自然与社会的和谐统一。

（二）师资队伍建设的取向

“师资队伍建设”顾名思义应当以教师为本。然而，由于教育活动的特殊性，师资队伍的建设逐渐摆脱了“就教师而论教师”的价值取向，向“生本”转向。教育部明确要求：“按照培养高素质实用性人才的要求，从适应社会主义市场经济发展需要的高度，充分认识全面提高师资队伍整体素质的重要性和迫切性，切实加大师资队伍建设工作的力度，力争经过五年努力，建设一支师德高尚、教育观念新、改革意识强、具有较高教学水平和较强实践能力、专兼结合的教师队伍。”由此可见，师资队伍的建设显现出从“师本”到“生本”的价值取向转变。

传统的“师本”价值取向，以现有教师队伍的静态建设与发展为根本出发点，课程的开设以教师为主要参考因素，允许教师身兼数职。总体来说，这种“师本”的价值取向，将教师约束在横向低水平的循环模式下，限制师资队伍的发展，既不注重量的积累，也不要求质的提升。

现代的“生本”价值取向，尊重学生的主体地位和发展需求，以培养学生的专业化技能作为师资队伍建设的根本出发点和首要依据。这种更加人性化的价值取向，有助于师资队伍的适应性发展，实现学生能力培养与师资队伍建设的双轨并行，使得学生发展成为师资队伍建设的主要目标。

培养德、智、体、美全面发展的学生，是教育的立根之本。人的主体地位在教育领域中呈现出学生与教师的双重主体特征。以教育行为的本质来说，学生应该是育人活动的中心主体，教师在教学活动中发挥着次要的主体作用，二者共同构成教育环境中的共存主体；在先后顺序方面，“生本”在前，“师本”在后。

二、师资队伍建设的要求

（一）高职院校的人才培养目标

高等职业院校是培养学生职业技能的高等学府，在这里接受教育的学生，踏入社会后的定位是实用型与应用型人才。因此，高职院校是以学生的技术应用能力作为人才培养目标，毕业后的学生可以直接满足社会用人要求，既具有基础的理论知识，又具有较强的技术应用能力，综合素质较高，知识面广。

（二）高职师资队伍建设的主要问题

伴随着我国高职教育的发展速度不断提升，对高职师资建设相应地提出了新的要求。当前，国内高职教育工作应以就业为导向，使职业教育主动服务于经济社会发展，推进高职师资队伍建设，使其满足新时期社会形势对高职人才的需要。总体来说，我国高职师资队伍建设主要呈现出以下三点问题。

1．教师专业化程度有待提升

毕业于普通高校的硕士与博士，是我国高职教育师资力量的主要来源。由于这类教师接受的都是偏理论化教育，缺乏相应的实践锻炼，导致高职院校的师资团队非职业化和非专业化色彩浓厚。在实际训练教学现场，多数教师缺乏指导学生动手实践的能力，而契合社会需求的理想师资队伍，必须既具备扎实的理论基础，又拥有丰富的工作经验，而当前的高职教师与这种“双师型”教师存在明显差距。

2．教师类型较为单一

随着我国高等教育大众化的推进，高职院校的数量与规模都急速递增，与之相应的高职师资数量不足，难以适应院校发展规模。高职教师实践的场所和接受培训的机会少，因而教师上课“纸上谈兵”的现象也在所难免。专业教师的类型比较单一，缺乏企业经历、生产实践经验，相当一部分人对生产现场比较陌生，对操作技术一知半解，对学生未来的就业岗位缺乏全面的了解。只有解决这个问题，才能培养一定数量的“双师型”教师，促进高职师资队伍的健康发展。

“双师型”师资队伍的建设，既是改善高职教学质量、发扬高职办学特色的关键，也是确保高职教育可以培养出合格人才的重中之重。根据教育部对“双师型”教师资格的要求与认定，可以将“双师型”教师的内涵归纳为：持有专业证书或拥有相关专业的技术职称，有丰富的实践经历或工作经验。此处需要注意的是，“双师型”教师并非持有教师资格证书的工程师，而是既具有扎实的理论基础，又具有较高的实践技能，可以在实际教学中，实现理论知识与实践技能的有效传输与指导。“双师型”教师作为推动教学改革的重要力量，是符合社会生产实际的典型代表。“双师型”教师对行业发展变化的精准预测，对社会化人才需求信息的敏锐捕捉，有助于高职院校的人才培养方向更加贴合实际。

3．缺乏完整的师资培养体系

国内高职院校在招录教师时，并没有形成一套完备的师资培养体系。这是由于缺乏专业的培训机构，保守、落后的培养模式也难辞其咎。由于高职院校缺乏科学、合理的师资认定标准和准入机制，使得整体师资质量水平和业务能力缺乏保证。入职后的新教师，岗前培训并不具备针对性；师范院校毕业的教师，也并未经过专业的技能培训；通过社会招聘的专业技术人员，教学理论知识则较为薄弱。

（三）高职师资队伍建设的四项要求

在推进全面建成小康社会的过程中，必须重视高职教师在培养技术应用型人才方面，所发挥的重要作用。高职师资队伍建设对高职教师在准入机制、教学能力、培训体系与考核机制四方面提出了具体要求，以便实现高职教师理论知识与实践技能的密切结合以及业务能力的全能型发展。

1．对准入机制的要求

高职教育培养的人才，主要从事建设生产与服务管理等基础性工作，对人才技能要求较高。相比中专职业教育，高职教育的层次更高；相比普通高等教育，高职教育的职业定向性更加明确。就业导向要求高职教育教师的专业技能更具有针对性。因此，相较于普通高等院校，高职教育的师资准入标准更高，程序更加复杂。

2．对教学能力的要求

技术的推陈出新使得传统的职业正在消失，新兴的职业正在崛起，对高职教育提出更高要求。对于从事教学活动的高职教师来说，更新理论知识的同时，有必要丰富自身的实践经验，在指导学生选择未来所从事的职业时，既合理科学，又具有前瞻性，时刻关注市场的就业需求，以就业为导向，培养高职教育人才。

高职院校的教师在从事教学活动时，需要注意启发学生，增进与学生的互动，拒绝灌输与填鸭式教育；讲课时既不脱离教材，又不要受到教材的约束，更忌讳生搬硬套、照本宣科；讲课内容不空谈理论，要结合具体案例，展开实战内容的讲解；讲课时要趣味横生、旁征博引，拒绝枯燥乏味；讲课注意方法，多鼓励学生，培养学生对学习的热情与好感。

3．对教师培训的要求

由于当前高职师资队伍人员质量与数量尚不完备，有必要加强“双师型”师资队伍建设。为了培养“双师型”教学人才，需要对教师进行专业化培训。从事高职教育的教师，需要接受专业的技能水平训练，在培训中增强自身专业素养，遵守教学活动的相关法规政策，定期参与培训机构组织的各种活动。

4．对教师考核机制的要求

不同于普通高校的师资团队建设，高职院校要求教师必须具备扎实的理论基础和丰富的实践经验，说明高职院校与普通院校之间存在着显著差异。因此，在对高职院校教师进行考核时，既有理论层面的要求，又有实践层面的规定。高职教育必须遵循以能力为本位、以就业为导向的评价观念，与普通高等教育将评价观念确立为以学科为本位是有区别的。

因此，高职教育师资的评价内容、方式及评审的标准也应随之改变，建立起科学合理的高职师资评聘和考核机制。高等职业技术学院专业技术资格评审，应注重教师从事教学和进行教学研究、教学改革所取得的工作实绩，注重教师在指导学生实习、实训等实践教学环节的水平和业绩，鼓励教师参加社会实践，积极为地方经济社会发展和社会主义新农村建设服务，工学结合并产生一定的社会经济效益。

三、师资队伍建设的构建途径

（一）发达国家师资队伍建设的成功经验

综观发达国家高等职业教育师资队伍建设的成功经验，主要有以下几点。

1．严格的高职教师资格

参与教学工作的教师，具有同记者、医生和律师相似的专业化属性，不是符合学历要求就可以从事的职业，而是需要经过国家组织的教师资格证书考试。只有考试合格获得证书的后备人选，才可以开展高职教育的教学工作。

2．良好的在职培养和专业发展

全球多数地区都十分重视高职教师的在职培养。重视职业教育的德国、英国、美国与加拿大，已经出台完备的政策，鼓励高职教师在职进修。培养内容与培养方式极为丰富，就培养内容来说，涉及计算机技术培训、教学方法与教学技能培训等；就培养方式来说，美国社区学院可以提供高职教师国外访问交流的机会，学院每年开设专业发展类课程，可以进行课程进修并参加相关研讨会，利用假期亲赴企业参加实践培训等；加拿大社区学院教师进修的主要形式是在大学里攻读更高的学位，有的社区学院还要求教师必须接受正规的师资培训，否则不予升职加薪。另外，还有专门的互联网网站提供教学支持，向高校教师提供专业帮助。

3．重视“双师型”教师队伍建设

在高职师资队伍建设方面，澳大利亚堪称典范。澳大利亚职业教育发展，重视通过多种渠道培养高质量的高职教师队伍。高职教师既来自高等院校的专业化培养，具备高学历的高素质人才，也会从社会选聘具备专业技术职称的实践型人才，作为职业教育的兼职教师。来自企业的兼职教师，既符合学历要求，又具备丰富的实践经验，可以在讲授理论知识的同时，结合就业市场的最新实际情况，带给学生贴近现实的择业指导。此外，高职院校在调整教学计划、扩大或缩小办学规模时，聘用兼职教师，使行动更加灵活，效果更加明显。

（二）我国高职院校师资队伍建设的思考

高职院校要实现长足发展，优秀的师资队伍建设势在必行。只有树立正确的队伍建设思路、师资配置合理、培训体系完善、教师具备教学资格和较高的综合素质，才有助于高职院校的转型与升级。因此，我国高职院校师资队伍建设，应该注意以下几点。

1．树立正确的师资队伍建设的思路

高职院校师资队伍建设目标的确定，需要以院校的改革与发展蓝图为基础，以现实资源为支撑，尊重师资队伍的建设现实，努力培养高职教师的理论素养与实践技能，以“双师型”教师为队伍主力，搭建结构合理的人才梯队。秉持终身教育理念，帮助教师实现专业化的在职进修，督促教师培养自觉的创新精神和专业意识，结合高职教育的教学实际和自身专业技能与素质专长，制定符合自身长远发展的职业规划，明确各个阶段的职业发展目标，树立正确的高职教育教学理念，使自己具有可持续发展的能力。

2．优化师资配置，健全师资队伍

高职院校的跨越式发展，必须在认清师资现实基础上，积极吸引人才，合理优化教师资源配置，健全教师队伍职能。在教师招录环节，高职院校招聘制度的制定与完善，需要以现实的专业建设需要为根本出发点，加大人才引进力度，招聘过程公开、公平、公正，根据考核标准择优录取，注重吸纳来自不同层次和领域的优秀人才扩充师资队伍，提高教师团队成员的整体素养。与此同时，为了体现教师的实践技能优势，高职院校还应该积极从社会招录具备较高专业水准的技术骨干，聘用社会人才担任高职院校的兼职教师，并将其作为高职院校教师团队建设的重要举措。

3．建立完备的资格证书制度

不同于普通高校的教师评价体系与培养方式，高职教师因其自身专业性与特殊性，而彰显出无法替代性，使其需要受到相应的资格证书制度限制。完备的高职教师资格证书制度，有利于确保高职教师的教学质量。高职教师的资格证书并不是固定不变的，而是可以根据类型、等级以及有效期限做出细化与调整，对于新入职的教师，证书的试用期限设为 2~3 年为宜；对于兼职教师，可以发放具备实践教学资质的应急类证书，并将聘期设为 3 年以内为宜；对于有长期就职意愿而且教学效果优异的专职教师，可以发放长期聘用证书，并将聘期设为 5~8 年为宜。

4．完善师资在职培训体系

在高职教师职培训方面，需要建立多元化的培训机构，设置包含高职院校、大学与企业三维合作的在职教师培训模式，重视对专职与兼职高职教师理论知识与实践技能的培养。具体到培训内容，可以加强高职教师对国际化高职教育发展历程的了解，丰富高职教师的教学经验，培养高职教师的先进教学理念。具体到培训方法，可以采用理论与实践相结合的培训方案，分专业指导高职教师与实际进行对接。此外，针对通过社会渠道选聘的兼职高职教师，应该注重培养这类教师的教学理论知识，并对其进行相应的岗前培训。

5. 提升师资队伍的综合素质

人们现在所处的时代，是知识经济的时代，新技术在不断推陈出新，旧有的技能与知识在不断贬值，这对于高职教师的知识更新提出了具体而迫切的要求。首先，高职教师可以借助不同渠道，加强新知识的学习，以便传授给学生新的知识以及更加实用的技能；其次，面对各种类型的在职培训，高职教师应该根据当前形势与自身特点做出选择；最后，高职教师必须具备自学意识，能够不断更新自身的知识结构，在加强实践经验积累的同时，使自身专业知识与技能水平能够满足培养技术型人才的要求。

四、加大“双师型”教师的培养力度

高职教育的培养目标是为生产、建设、管理、服务第一线培养适用的高等技术应用性人才。由此决定了高职教师不仅需要有扎实的理论知识和丰富的教学经验，而且必须具有较强的本专业实际工作的能力。由于受到地方人事政策的限制，从企业引进人才较为困难，目前高职院校的师资仍主要来源于高等院校的硕士毕业生。高等职业教育的特殊属性决定其师资队伍建设有别于普通本科院校，它更注重于教师的“技术应用”素质。为此，加快“双师型”教师的培养，是高职院校师资队伍建设的一个重要命题。

（一）“双师型”教师的培养途径

本科学历是高职院校招录教师的最低标准，通常择优录取的高职教师，大都具有扎实的理论知识基础，但是，实践操作技能相对比较薄弱。因此，高职院校可以搭建相应的校企合作平台，帮助高职教师提升实践技能，使其成为合格的“双师型”教学能手。在培养“双师型”方面，主要有以下四种途径。

第一，高职院校可以加强“双师型”教师培训场所的建设，以相应的实训、实习基地和校内实验室为抓手，更新教学目标，提升实验仪器与设备的科技含量，打造生产、教学与科研相互结合的实训、实习基地和校内实验室。实训、实习基地的建设，必须突破传统只注重动作技能培训与感性认知的旧模式，建立现代化的注重实际问题解决能力与技术应用能力培养的新模式，实现建设生产与服务管理的环环相扣，创建逼真的职业环境，提高教师的实践技能。

第二，重视建设校外实训基地，以互惠互利为原则，加强高职院校同企事业单位的合作，共谋校外实训、实习基地建设，为教师创建真实的实训、实习环境，鼓励其在现实的职业环境中顶岗实践。经过生产实践环节的历练，教师可以强化生产技能和实践素养的提升。被选派到企业担任要职的骨干教师，还可以增强自身的生产管理技能，而参与校外实训、实习基地组织的技能培训，则可以切实提高教师的操作水平。校企之间的深入合作，有利于教师明确企业技术生产的优点与缺点，并提出相应的改进措施，丰富自身的实践教学经验。此外，聘用校外实训基地的技术人员充当高职院校的兼职教师，对于培养应用型人才大有助益。

第三，借助校办产业丰富高职教师的实践平台。由高职院校独立承办的产业，为高职教师提供更加深入全面的实践机会。校办产业既可以围绕高职院校的特色专业展开，也可以成为支持高职院校特色专业发展的主导力量。实用、高效的应用型产业，而不是研究型产业，是高职院校创办产业的基本定位，是有别于普通高校的地方。高职院校“双师型”教师是校办产业的实施者、策划者和推动者，借助校办产业，高职教师的管理能力与实践水平将获得显著提升。

第四，发挥科技项目在培训高职教师方面的积极作用。高职院校办学的宗旨需要依托科技项目展开，高职教师不仅要做好教学工作，还要积极参与科研项目，提高自身的创新意识和研究水平。高职院校科研实力的提升，有助于扩大社会影响力，吸引更多的资源服务于教学质量的提升。因此，高职院校应该鼓励教师积极参与科技项目规划与申报工作，与项目组成员增进学术交流，掌握前沿的专业发展动向，将科技成果转化为惠及社会的技术专利，通过参与科技项目，提高自身的专业实践技能和科研学术水平，为社会发展和经济建设贡献力量。

总的来说，通过上述一系列活动，高职教师队伍的教学水平和科研技能都获得了较大提升，通过在实验室、实训基地和校办产业的在职培训与业务进修，高职教师丰富了自身操作技能和实践经验，巩固了自身理论基础与科研能力，在面向学生讲解专业知识、指导学生专业实训和实习时，满足“双师型”教师的各项要求。

（二）构建规范化的“双师型”教师队伍

构建起规范化的“双师型”教师队伍，建立质量建设管理机制并付诸实施，才能保证高质量的教学质量。从高职院校实际情况出发，应着重考虑从以下几方面加大建设管理的力度。

1．重视“双师型”教师的职业发展

调查显示，人们在选择所要从事的职业时，不仅会考虑待遇与薪资水平，职业的未来发展空间也成为影响求职者择业意愿的重要因素。“双师型”教师具有较高的学力水平和实践技能，与普通求职者相比，高职教师更看重自身职业道路

的可拓展空间。为“双师型”教师提供就业指导和职业规划，既有助于高职教师增进对所选职业和就职单位的认识，也有助于高职教师充分发挥自身能力、知识与个性优势，在高职教育领域充分展示自身才能，体验自我实现的快乐。

为了提高职业教师理论联系实际的能力，选派专业教师特别是缺乏专业实践经验的青年教师，到企业进行专业实践的锻炼，向一线的技术人员和操作人员学习，走“产学研”相结合的道路，确实是一条培养“双师型”教师队伍的有效途径，能有效地检验和提高他们的实践水平和专业技术能力。

2．完善“双师型”教师的考核机制

要制定能反映高等职业教育特点的职称评定标准，从政策层面保证高等职业教育教师的切身利益，稳定高职教师队伍。目前，很多省份已出台了这方面的相关文件，以利于“双师型”教师的培养。要鼓励教师参加职业资格证书的认证考核工作。今后，我国职业资格制度将逐步建立与完善，高职院校应鼓励中青年教师参加职业资格证书或专业技能等级证书的考证工作，以提高教师的实际操作能力。要进一步完善教师职务聘任制度，实行教师资格证书和专业合格证书制度，加强教师聘任后的管理和考核，实行定期聘任，择优上岗。

3．完善“双师型”教师的激励机制

为了促进个体实现对美好理念的追求，需要设立合理的激励机制，这是心理学领域中的科学理论。为了满足个体的自身需要，适当的外部刺激因素会产生巨大的推动力，并促进个体积极采取行动。激励机制对于教师来说，有助于激发教师的教学潜力，提升“双师型”教师团队成员的总体教学质量，规定教师持证上岗，并对教师的实践经验年限做出要求，这些都可以外化为常规性的激励机制，旨在满足“双师型”教师的内在需求，获得更加理想、令人满意的教学效果。

具体来说，激励机制的完善，可以根据以下三点依次展开：首先，摸清“双师型”教师的主要需求。参照“双师型”教师的层次与类别进行需求分析与调研，把握影响高职教师行为取向的主要需求；其次，融合个体需求与整体需求。将“双师型”教师的个体利益嵌入高职院校的整体利益中，让教师意识到自身利益与单位利益相辅相成、互为依托；最后，将激励措施的选择权交给“双师型”教师，由其针对自身需求选择对应的激励形式。比如，需要津贴激励的教师，可以将津贴设置为激励计划的主要参考指标；需要荣誉激励的教师，可以将荣誉设置为激励计划的主要参考指标。这种自主选择式的激励机制，有助于兼顾教师的个体需求，从而最大程度地调动教师的积极性，激发教师的创造潜力。

4．建立结构合理稳定的兼职教师队伍

高职教育自身的特点，决定了兼职教师是其师资队伍的重要力量，而伴随着科技的迅速发展，产品与技能更新换代的步伐越来越快，对成员稳定、结构合理的兼职教师队伍建设提出了新的要求。对于前沿知识与先进技能的掌握，对于教学方式的更新，必须依赖于校外优秀人才的兼职聘用，为高职教育带来源源不断的生机与活力。

聘用企业的高级技术骨干作为高职教育的兼职教师，并非为了弥补专职教师的人员空缺。因为兼职教师与专职教师的人员比例可以设置为1∶5，这是教育部在高职院校人才培养方案中明确提出的要求。兼职教师的聘用，可以优化高职院校教学师资队伍的整体结构，提高教师团队成员的专业技能，并为培养满足社会发展需要的高技能应用型人才提供具体可行的办法与依据。

作为高职院校教师团队的重要成员，可以通过以下五种途径，加强对兼职教师的管理。一是明确选聘原则，优化师资队伍的结构，合理分配兼职教师与专职教师的人员配比；二是为已聘用的兼职教师建立业务档案，确保兼职教师素质较高、技能过硬、聘期稳定；三是加强对兼职教师的管理，将兼职教师的教学质量监督与考评纳入科学、规范的教学信息反馈制度中；四是增进兼职教师与专职教师的交流与合作，营造互帮互助、团结相处、合作共赢的教学环境与氛围，定期组织相应的座谈会、研讨会和联谊活动，增强兼职教师的责任感、归属感和荣誉感，调动兼职教师的教学积极性，发挥兼职教师在教学与科研、实习与实训中的重要作用；五是制定详尽明确的人才引进计划，确保校外专家和技术骨干积极参与高职院校的管理与建设工作，确保“双师型”师资队伍的整体质量，以必胜的坚定信念，迎接科技变革带给高职院校的机遇与挑战。

第五节　高职生成才的有效途径

高职教育要求理论教学与实践教学并举，理论以“适度、够用”为原则，要加强实践技能教学。高职教育在实践教学方面已经形成了课内实训、仿真实训、校外实习等形式，但是，这些实践教学模式在实施中还存在不足。近几年蓬勃兴起的以社会兼职为主要形式的勤工助学活动为实践教学打开了另一途径。人们要加强对学生勤工助学的引导和管理，充分发挥其在高职人才培养中的作相。

一、勤工助学的概念及实践意义

大学生勤工助学是指在校大学生利用课余或假期在校内或校外参加的各种有偿的实践活动。在高职院校，对勤工助学要有更深刻的理解。该活动不仅有经济功能，更有育人功能。首先表现为该活动是实践活动，是一种更加积极的学习方式，更高层次的学习。其次，该活动培养了学生的责任意识，法律观念，自立自强的精神。勤工助学不但有解决助学的经济作用，而且符合“实践课堂”的育人功能。

（一）勤工助学有助于拓宽大学生经济来源

勤工助学对经济条件较好的学生来说，主要是在“勤工”中得到锻炼，而对贫困生而言可谓是一举两得。据《中国贫困大学生研究报告》统计，2018 年，我国全国普通高校在校生中贫困学生有 527 万人左右，其中特困生就有 166 万人左右。勤工助学是帮助贫困生解决经济困难、完成学业的有效途径。贫困大学生参加勤工助学，及时得到一定的经济资助，有效地帮助了他们渡过生活难关，顺利完成学业。这种经济资助的效果远远大于直接给予他们的补助，是既能解决助学、又能利于育人的方法之一，有利于学生增强社会责任感，树立自强、自立意识。勤工助学是大学生参加社会实践和进行自我教育的重要形式。

（二）勤工助学有助于强化大学生职业道德教育

良好的职业知识、职业道德是大学生就业创业的重要砝码。高校的职业道德教育不能是单纯的理论灌输，学生的思想认识归根到底来源于社会实践。外部的教育影响和理论知识只有通过学生自己的亲身实践，才能为学生所理解、吸收、消化，并转化为内在的思想观念。对学生进行职业道德教育，不是只限于让他们遵守相关的道德规范和准则，以及对社会应负的道德义务，而是要他们去实践和体验，并在实践和体验中经过反复的练习、锻炼巩固，养成良好的行为习惯。

大学生以通过参加勤工助学的各种社会实践活动来接近社会、了解社会、认识社会进一步了解己的专业特点，并亲身体验职业道德规范的要求，检测自己能否成为合格乃至优秀的职业人。学生通过勤工助学活动，经历成功与失败，体会职业人的艰辛，深刻认识自己所应承担的道德义务，鞭策自己在校期间只有加倍努力，将来才能更好地与社会接轨，从而培养学生的自主能力。勤工助学活动客观上营造了一种即将就业的氛围，使学生初步具备职业道德与能力，走上工作岗位后能很容易适应职场环境。

（三）勤工助学有助于促进大学生主动学习

学生学习知识的途径有两种：一种是间接地从书本上学，一种是直接地从实践中学。以就业为导向的高职教育，社会实践必不可少。勤工助学的过程，也就是青年学生在实践中汲取营养的过程，是新的更加积极主动的学习方式。课堂是学习，实践也是学习。大学生在校学习掌握了一定的书本知识，然而掌握知识不是目的，学的目的是为了更好地参加改造客观世界的社会实践。在勤工助学中，大学生可以使所学知识在运用中得到检验和发展。很多参加过勤工助学的同学反映，实践中加深了对专业知识的理解，强化了职业技能的训练，同时在知识领域上也得到了拓展。学生走向工作岗位，不但要具备一定数量和质量的专业基础知识，而且还要掌握一定的社会知识、工商知识、法律知识、历史地理知识、文学艺术知识等，在知识领域上进一步拓展。这些虽属一般知识，但在实践中却很有用，也能体现人的文化教养、文化形象。大学生在勤工助学中所从事的任何一项具体工作和具体事务，无不同某一个知识领域相联系。

（四）勤工助学有助于提高职业能力

勤工助学有助于职业能力培养和形成。主要包括生活自理能力、事业设计能力和社交公关能力。

1．生活自理能力

现在很多大学生都倾向于勤工俭学，因为勤工俭学不仅解决了自己的生活上的需求，而且扩大了交际圈，丰富了学生的内在素养，锻炼学生证的心理承受能力，提高学生的独立能力和思维方式的多向转变。

2．事业设计能力

一个人未来所处于的社会地位、成就以及荣誉等，是由自身能力、经验以及学识水平所决定，学生对于未来的规划，实际上是一个自我认识与对现实认知是否相一致的过程。一个学生可以兼职多份工作，从中可以更深刻地分析认识自我，从而进一步明确就业或创业的方向性。

学生可以规划自己的学习和兼职工作，不仅在认清自身和分析社会的过程中不断改进自己，提高自身能力以及加强社会适应性，更是顺应社会的发展，为社会发展贡献自己的力量。

3．公关和社交能力

每个国家的进步和社会经济繁荣，都离不开人与人之间的交流，交流是个体与个体之间的本能趋势，也是社会生产需要。从社交角度看，社交对于社会，甚至国家有着至关重要的作用。事实上，社交和公关是通过实践逐渐适应社会而获得的能力，大学生在大学期间做兼职工作，实际上是为了以后和社会和谐相处作铺垫，未来大学生将会在社会中从事不同行业，扮演着不同角色，将会认识不同类型的人，使自己的生活更加丰富多彩，并且积累更多的经验。

（五）勤工助学有助于促进大学生就业

大学生在大学期间参加各种兼职工作有两个目的，一个目的是将自己在学校学习的理论知识应用于实践当中，以加强对知识的巩固和记忆。首先，根据社会需求及时弥补自己欠缺的能力，在有限的时间里不断改进和完善自己，找到一条属于自己的道路；另一个目的是兼职过程中能够磨炼自己的意志以及培养自己各方面能力，尤其是学校无法培养的技能，例如管理能力、适应能力和信息搜索等。其次，在寻找兼职的过程中，要查询和掌握就业公司的相关信息以及招聘的工作岗位和工作内容，面试过程中的一些面试技巧，事实上是经验的积累过程。

勤工助学还有助于大学生及时调整就业期望值，准确进行职业目标定位，使将来自己在就业择业过程中比其他同学更加理性。特别值得一提的是，很多大学生在勤工助学中加深了对企业的认识，建立了就业关系与就业网络，提前实现了就业，有的完成了资本积累走上了创业之路。

二、切实推进勤工助学规范运行

（一）推进以勤工助学为主导的实践活动

支持和引导大学生积极参与兼职工作，不仅给他们提供一些学业上的帮助，还培养他们各方面能力。在大学课程中，勤工俭学既能培育大学生各方面能力以及内在素养的提高，又能将所学理论知识应用到实践中，加深知识的记忆和巩固等，对于学校教书育人的目的起到辅助作用。因此，学校应该全面细致的地虑对于贫困生的资助问题，如何将这种资源帮助转化为自我帮助，需要提供兼职的机会实现自助。

（二）加大勤工助学的导向作用

各学校的学生对兼职工作有了一定了解，但是还存在一部分学生对兼职的了解不够全面，认为兼职是赚钱补贴自己的生活收入，甚至还有一些学生将看得见的待遇作为自己回报标准，而在兼职过程中一些能力的培养和提高以及内在素质的提升并不重视。所以，学校应该组织培训活动或者讲座等，帮助和引导大学生树立正确的兼职观念，打破自己的狭隘视角。

关于兼职的引导方向，是指将兼职工作的观念引向除了赚钱之外的能力培养。所以，兼职工作被学校纳入对学生进行思想教育的课程。在实际生活中，人们经常说的道理以及学到的知识理论对于学生来说所起到的作用微乎其微。因此，要实现本质的思想转变，必须经过实践的真切体验，每个人独立能力的培养和提升，是以收入的独立为基础，同时为以后独立自主能力的形成以及提高打下坚实基础。

（三）由“劳动型”向“智力型”转变

现在的兼职工作存在等级之分。例如，体力劳动和脑力劳动的区别，高等级的兼职工作，也就是说通过脑力劳动的工作，不仅能够增加大学生的收入，而且能够促进学业进步和专业能力的提高。因为脑力的锻炼和能力的培育是相关性的。所以，大学生在选择兼职工作时，要着重选取高等级的兼职工作，体力劳动的兼职工作尽管能增加大学生的收入，但是很难提高自身各方面能力，尤其是专业能力的提升。因此，大学生综合能力的加强，与专业特长相结合，发挥专业优势，体现学以致用的原则。

（四）建立相关监控机制

在工作中，除了要建立专门的勤工助学管理机构，委派专人负责外，还要根据学生勤工助学的特点和工作的实际，坚持课余、服务、诚信和合法等基本原则：一要制定相关的制度，如校内勤工助学实施细则、岗位职责、招聘办法、报酬标准及发放方式，校外勤工助学管理方法及勤工助学意外事故处理办法、勤工助学基金管理办法等，从而使勤工助学有章可循；二要确立勤工助学劳务合同，维护学生的切实利益；三要加强对学生的法制教育、安全教育；四是兼职工作的选取应该以自身情况为依据，根据地理环境以及生活需求组织兼职工作；五是兼职工作的安排要符合大学生的实际情况和所学专业，这样不仅有利于巩固和加强专业知识的掌握，而且有利于培养大学生的综合能力。

三、保障勤工助学中学生的权益

如今，为了适应社会发展，学生、家长以及老师的想法已经发生转变。大学生在学校期间兼职多种工作已经是普遍的正常现状，但是符合大学生的兼职工作供小于求，并且初入社会的大学生还没有保护自己权益的意识，上当受骗的情况时而发生，近些年，国家颁布了和大学生有关的法律政策，其中就有保护大学生权益的政策。然而，这些法规和政策还存在弊端，大学生所遭遇的权益问题并没有彻底解决，所以，最值得关注和深入分析的事情，就是大学生权益的问题。

（一）大学生易受侵权的主要原因

1. 劳动力市场供过于求

现在，就业情况普遍是用人单位少而人才济济，在找寻工作过程中相对于没毕业且没有工作经验的大学生并无优势。也就是说，大学生之间存在竞争关系，大学生和社会求职者之间存在竞争关系。此外，在就业市场中，大学生由于缺乏相关工作基础，能力和心智还不足以满足公司需求，而且课程繁多、学习任务重，不可能达到两者兼顾。

2．社会诚信体系不健全

由于社会诚信体系不健全，大学生勤工助学者自我保护意识薄弱，缺乏应有的警惕性和鉴别力，良莠不分。大学生在校外勤工助学的岗位，相当一部分是通过他人介绍、中介机构或通过招聘广告应聘获得的。一些雇主和中介机构往往利用大学生求职心切、思想单纯的特点，预设陷阱，不签订任何协议或要求大学生缴纳“保证金”“抵押金”“报名费”“培训费”“服装费”等各种费用，克扣报酬和拖欠工资的情况也时有发生。还有一些用人单位“存心不良”，利用大学生为其推销假冒产品牟取暴利，使大学生陷入违法的境地。大学生勤工助学还存在人身安全的隐患，为广大大学生敲响了警钟。

3．高校勤工助学管理存在盲区

学校对于学生们兼职的情况没有明确的硬性规则，他们并不知道如何对待学生们的兼职情况，因为学校之外的兼职情况不属于学校管理的范围之内，但是对于校园内的兼职，还是有明确的规定。近些年，社会上出现了一些专门为大学生找兼职工作的公司，这些公司的服务中最有意义的是能够保护学生们的合法权益，深受学生们的依赖和信任，然而，这些公司的发展有其本身的局限性，对于就业公司的了解不是非常透彻和全面，所以，出现了利用大学生骗钱的谋财者。现在很多学校已经设置了和学生兼职相关的规定，但学生并不认同这些规定，不仅是因为其流程繁琐，而且还因为没有相应的理论依据做支撑，实际操作中表现出来的效果令学生非常不满意。因为学校无法对学生的兼职情况进行监督，当学生在校外兼职工作中遇到阻碍或相关权益受到侵害时，学校无法为其提供帮助。

（二）大学生权益保护的对策

大学生勤工助学是一项政策性很强的工作，对于促进大学生健康成长和顺利完成学业有重要意义，因此，大学生权益必须得到有效的保护，目前应该做好以下三方面的工作。

1．强化高校勤工助学服务机构的职能

根据《中华人民共和国高等教育法》《关于进一步做好大学生勤工助学工作的意见》等有关法律和文件的精神，高校勤工助学服务机构的职责是：“配合高等教育改革，确保高等院校学生勤工助学活动的健康发展，保障学生的合法权益，促进学生在德智体美等方面全面发展”；“负责学生勤工助学活动的指导、管理；负责勤工助学专项经费的筹措、管理；为学生参加勤工助学提供各项服务等”。所以，专门为大学生找兼职工作的公司应该和学校联合起来，共同设立管理学生们兼职情况的各项制度和规则，提供大学生专业指导以及保护他们的合法权益等，应该让学生们学习和掌握与勤工俭学相关的日常学识，避免学生们在找兼职工作的过程中遇到欺诈的情况。此外，教导学生们无论做什么样的工作，都要将保护人身安全放在第一位；指导学生们掌握一些基本的工作技能和法律法规等，坚持诚信为主的原则，将规定落实在行动当中。首先，学生们在社会上寻找兼职工作时，要得到学校的同意及批准，全面检查和查看就业公司的信息以确保其可靠性。然后，学校代表学生和就业公司进行合同的签字，当遇到异常的事情时，学校要做到积极维护学生们的权利和利益；最后，随时查看和追踪学生们兼职工作以及在校学习的进展状况。例如，课堂上知识的掌握情况、学生们的人身安全问题等，创建一个专门为学生们找兼职工作和后续监督的网站，为以后学生们的进展状况提供方便。因此，学生们兼职校外工作必须在合理的规定和制度下，行使他们的权利和保证他们的利益。

2．明确勤工助学协议中的法律关系

与就业公司进行合同的签字是保护学生们合法权益的前提，学校、大学生、企业公司要全部参与。

(1) 专门为大学生找兼职工作的机构和就业公司进行合同签字。学校可以为就业公司筛选出符合他们要求的大学生，待遇和工资由就业公司直接管理或者交给学校处理。

(2) 就业公司和学校进行合同签字，学校可以代表就业公司与大学生进行基本劳动合同签字。

(3) 就业公司可以单独和学生进行合同的签约。

以上三种不同形式的签约都有优缺点。第一种形式的优点是为学校跟踪和监督学生们的进展状况提供方便，也是目前服务机构经常使用的方式，但是弊端是存在关系模糊，双方权利和义务的界限不够明确；第二种形式虽然关系明确，一目了然，但是流程相对烦琐；第三种形式是学生们认同和依赖的一种形式，也是未来学生们普遍选择的形式，其缺点是找不到维护学生自身合法权益的途径，因为学校没有进行合同的签约，学生们在兼职过程中少了一份保障。

不论大学生在求职时选择何种方式，都要清楚地认识双方之间存在的关系，关于双方权利和义务要有明确的界限，合同的内容应该包括基本的工作任务和时间、福利工资、发放工资的时间点、试用期的期限、工作者的权利和义务、就业公司的规章制度等，学校还需要和就业公司签订一份合同，合同中所规定的学校权利和义务，应该包括落实就业公司和学校规定、对学生兼职情况的管理和监督、学生在学业上的帮助等，双方还可以口头商议其他工作内容和关系的明确。

专门为学生找兼职工作的社会机构要仔细检查和分析合同的内容是否有漏洞以及合同所制定的制度和规定是否合理，避免就业公司所列出的条例中存有侵犯学生权利的行为，运用法律武器对用人公司给予警示和限制。关于其他劳动关系的明确，可以由双方口头研究和决定，学校应该让学生学习和掌握与勤工俭学的相关日常学识，而且要参与合同的签订，这样能够保护学生们的合法权益以及对学生兼职进展进行监督。

3. 大学生勤工助学时应提高自我保护意识和能力

大学生勤工助学者是一个庞大的群体，他们在勤工助学的过程中或兴奋、或彷徨、或成功、或失败，但谁也不能否认他们在成长。往返于校园与社会之间，碰壁和失败在所难免，但一定要学会保护自己。

大学生参加勤工俭学前一定要做好充分的准备：一是了解《中华人民共和国劳动合同法》《中华人民共和国民法》等相关法律法规，咨询相关市场行情，做到心里有底。二是大学生在兼职工作中，要注意中介服务公司是否有其相关的营业证件，尤其是要重视他们的收费数目及规定。三是提前通过网上查询的方式，了解就业公司的所有信息以及公司提供的岗位和工作内容，或者通过面试的方式进行询问加深了解。如果就业公司在面试过程中提及需要收取费用，例如培训费等，大学生应提高警惕，对于违法和涉黄的岗位要摒弃和反对，以免自身的人身安全受到危害。四是劳动合同的签约，合同的签约有利于学生们维护自身合法权益，合同的签订内容应该包括工作时间、工资、安全保护等，最后签字的时要仔细查看公司签署的姓名，禁止合同的签约内容含有违反法律的情况。假如遇到不用签订劳动合同的公司，一定要获取能够证明双方之间存在劳动关系的证据，避免在遇到异常情况时，没有保护自己权益的凭证。五是学生们在兼职过程中不仅要注重内在素养的培育，还要注重品德的提升，遇事要谨言慎行，与人共事要提高警惕，以免受到伤害。六是掌握相关法律知识，如果遇到压榨、违法情况。首先，要保证自己的人身安全；其次，向法律机构举报保护自己的权利和利益。所以，大学生们在求职或者兼职时要提高警惕，学会应用法律保护自己的权利和利益。

第六节　高职院校大学生的就业与创业

只有解决了学生的就业，高质量地解决学生安身立命的问题，才是对学生最基本的人性关怀，是爱学生的根本表现。作为高职院校，应当将学生的就业作为重点工作。

一、高职院校大学生就业指导现状

（一）高职院校大学生就业指导存在的问题

1．就业指导目标不够明晰

目前，国内高职院校对就业指导的目标没有一个正确、清晰的认识。高职院校一般会针对大学生就业问题设立指导部门，虽然从事的是大学生就业相关的指导工作，但实际职能更倾向于行政管理，并非是针对大学生就业进行的指导教育机构。很多大学没有认清大学生就业指导的真正目的，对高职院校大学生就业指导的必要性和重要性没有一个充分而正确的认识，没有在教学计划里加入就业方向的相关教育。高职院校大学生就业指导不是帮学生落实单位、找工作，只有增强对大学生就业指导工作的重视和尊重，才能真正发挥出其对促进高等教育发展、深化高等教育改革的重要作用。

很多高职院校负责对大学生就业进行指导的教师并没有专业的知识储备和能力、技能，对就业指导工作没有很高的认识和理解，没有对就业指导工作和当下大学生就业情况进行过深入研究与思考，在各个方面无法满足从事高职院校大学生就业指导工作的资格。

从事大学生就业指导工作，首先要对大学生就业指导的内容和目的有深刻的认识和理解，在工作中不可以只重视就业指导的服务功能，而忽视其教育作用。高职院校中，负责对大学生就业进行指导的教师要重视创业方面的教育和指导，在工作过程中不能忽视学生价值观、人生观、就业观、择业观等思想教育和指导。

2．就业指导工作内容形式单一

目前，国内高职院校对大学生进行就业指导的内容相对分散，形式比较单一，存在随意性；在指导工作进行中没有一个全程化的理念，作为指导大学生就业指导工作的核心思想。就业是一种实践活动，大学生就业指导工作并不适合以纯课堂形式进行，就业指导的授课方式应与学生的专业知识技能授课方式相区分，要增强大学生就业指导课程的吸引力和灵活性，以便培养学生的学习兴趣。就业指导工作内容和形式的确立，要立足于国家对人才的需求和社会对职业的要求，指导学生正确的规划职业生涯，加强学生就业素质的培养，帮助学生适应就业过程中激烈的竞争。

3．就业指导教学力度及人员素质有待改进

目前，国内多数高职院校仅以讲座和选修课的形式，对大学生进行就业指导，

就业指导课程的教学力度明显不如其他专业课程，甚至没有与之相匹配的教材。高职院校就业指导工作缺乏理论基础和实践应用指导，无法满足社会需求，不能符合社会的新动、新形势。此外，很多高职院校中负责对大学生就业进行指导的教师专业素质的缺乏，也是影响就业指导实际效果的重要因素。为此，高职院校应大力抓好大学生就业指导工作，提高对大学生就业指导的重视程度和教学力度，提高对从事大学生就业进行指导的教师要求，提升大学生就业指导教师团队的整体专业素质和教师的个人专业素质。

4．对就业指导工作的认识和重视程度不足

高职院校对就业指导工作的认识始终达不到应有高度，认为大学生就业指导的目的仅仅是促进就业，把提高就业率作为衡量就业指导工作效果的唯一标志，对大学生就业指导工作的重要性没有清晰认识，就业指导仅仅针对毕业班的学生进行。

（二）高职院校大学生就业指导新思路

1．转变就业观念

引导学生转变就业观念，树立竞争观、发展观、创业观，摈弃等、靠、要等传统的、落后的就业观念，主动融入社会，愿意从基层干起，从小事做起，通过灵活就业形式实现就业。党的十九大报告提出要加强就业观念教育，使更多劳动者成为创业者。在实施积极的就业政策中，要把促进灵活就业作为重点，在税费减免、资金投入、就业服务等方面给予政策倾斜，建立起促进就业的长效机制。

2．遵循发展性就业指导思想

树立生涯发展观念，从“毕业择业”向“终身发展”转变。强调指导贯穿于大学生教育的全过程，即入校、在校学习及至毕业后的再就业；强调发展就业素质的培养，结合高职的培养目标、学生的职业发展愿望和市场的要求，培养学生发展性的就业素质。

3．营造创业教育氛围

加强创业教育，培养学生的创业精神是关键。创业精神的培养不是采用说教式的教育就能见效的，它需要在一定的氛围中，通过潜移默化的影响和具体的实践相结合。因此，在校园内营造一个创业教育氛围，对于弘扬创业精神，培养学生的创业素质和创业意识至关重要。

二、建立全面就业指导体系

如何指导高职毕业生把握高职教育的特色，准确定位，正确选择用人单位，选择职业；如何指导高职毕业生确立与社会主义市场经济相适应的职业意识、职业选择观、职业观念；如何使学生树立“毕业即创业”的意识，在就业形势严峻的今天主动出击，结合自身实际从小事做起，开创一番事业，已成为高职院校必须研究和解决的重要课题。

（一）就业指导趋于全程化

所谓全程化指导，就是从纵向指导着眼，要求人们根据高职院校不同年级学生的特点，有针对性、突出重点地开展就业指导服务工作。一年级讲职业重意识，二年级讲敬业强技能，三年级讲就业谋事业，帮助学生顺利就业。

入校门就宣传就业意识。以就业为导向的高职教育在学生一踏进校门就要进行就业意识的教育，让学生明确入高职“学什么”和高职毕业“干什么”的问题。学生明确就业竞争是个体间综合素质的竞争，而实力来源于在校期间的全部努力。要通过帮助学生了解社会、了解职业、了解自己，使他们珍惜在校生活，挖掘潜能、完善自我、设计未来、奋发图强，主动适应即将从事的职业，适应即将开始的职业生涯。

当学生迈入大学二年级时，学校要针对学生的差异性进行不同岗位技能定位，并以此为基础强化学生的岗位技能教育与培养。在大学生培养教育过程中，要以素质教育为根本，重视学生各种素质的培养，不仅要教会学生专业的理论知识，还要教会学生如何生活、如何服务、如何发展、如何做事、如何学习；要以能力培养为重心，重视学生实践能力、创新精神、创新能力、适应能力的培养。

三年级的学生即将毕业进入社会，对于他们的就业指导要以就业教育为核心。进行就业指导的过程，要把社会的最新就业形势、国家的最新就业政策等信息及时传达给学生，注重培养学生选择就业方向的相关素质，包括择业心理、择业技巧等。加强对毕业班学生的就业教育，包括训练学生的求职礼仪、传授学生面试技巧、指导学生写求职信等相关能力的培养；校园网可以增设“就业指导”专栏，方便学生随时接受就业指导；开展就业咨询服务、报告会、专题讲座等活动，让学生能够及时了解社会的就业现状。

（二）就业指导趋于全员化

所谓全员化指导，就是以帮助高职生实现顺利就业为出发点，积极搭建好校内外就业指导服务的工作平台，相互联动、全员参与高职生的就业指导服务的工作。它包括在校教师、学生、家长甚至是社会的共同参与。

首先，是全体教师参与。在教师参与就业指导服务工作方面，教师特别是专业教师要深刻理解就业指导的基本理念，了解就业指导的功能和作用，认真学习贯彻学校就业指导工作的统一部署与要求，并主动将自己的工作与学生就业指导服务工作紧密结合起来，在实际的教育教学环节中渗透就业指导创造性地开展就业指导服务工作。教师们还可利用家属关系和社会资源，积极为学生创设就业平台，牵线搭桥推荐就业岗位。就业指导不仅仅是就业指导处的事情，所有的教职员工都是学生的职业教师，随时随地都可以对学生进行就业指导。

其次，培养学生接受就业指导的兴趣和积极性。帮助学生树立正确的价值观、人生观、就业观、择业观，让学生意识到接受就业指导教育的重要性，让学生积极主动参与就业指导。在学生主动参与的情况下，指导效果会比单方面被动接受效果要好得多。学生积极主动参与，调整自身的就业竞争力、职业意识以及职业观念，为日后迈入社会，进入职场打好基础。

再次，学生家长同样应参与就业指导。学生家长对学生日后的就业可能会产生重要影响，有必要让学生家长也接受指导，不仅可以提升学生家长对就业指导的认识和理解，而且可以获得学生家长的建议和意见。

最后，就业指导工作不仅是学生和高职院校的事情，相关社会单位、部门也应参与其中。学校要在学校内给学生提供最新的岗位信息和人力资源信息，主动联系各种职业介绍机构和公共就业服务机构，也可以和一些企业建立合作关系，让企业为毕业生提供相应的就业机会。

（三）就业指导趋于全面化

所谓全面化指导，就是采取各种途径与方式，对学生的就业进行全面的指导，有效地引导学生树立良好的职业理想与荣誉观，促使学生有个更好的职业规划与发展。

高职院校对就业指导工作的认识始终达不到应有高度，认为大学生就业指导的目的仅仅是促进就业，把提高就业率作为衡量就业指导工作效果的唯一标志，无法在学生未来的职业发展中起到作用，无法解决学生最关心的职业发展问题。因此，对学生要实行横向指导，全面提升学生的创业意识、就业竞争力、职业道德、职业取向等，帮助学生做好未来的职业规划，让就业指导更加全面化。

为提升就业指导课堂的教学效果，为学生教授就业知识的老师要及时关注社会动态和就业信息，并把信息及时反馈给学生，积极提升自身专业素质，改进就业指导教育手段和方法，改善就业指导教育的考核方式。教学活动要以学生为主体，关心学生的职业需求，关注学生的个性发挥，帮助学生提升职业素质、增强职业意识、培养职业道德、树立职业观念。

为了能够让学校的就业指导和社会的最新需求、国家的最新政策、行业的最新动相契合，需要建立就业跟踪反馈长效机制，将跟踪结果及时反馈，根据社会最新需求、国家最新政策、行业最新动向进行课程的建设和调整。就业跟踪反馈长效机制是高职院校大学生就业指导工作能够紧跟潮流的重要保障，是就业指导工作中不可缺少的一个环节。

就业指导工作部门是展开大学生就业指导工作的核心力量，应负责在学校内给学生提供最新的岗位信息和人力资源信息，主动联系各种职业介绍机构和公共就业服务机构，和一些企业建立合作关系，让企业为毕业生提供相应的就业机会。就业指导工作部门要经常组织求职者就业行为训练和就业辅导，提升学生的就业相关能力、技巧和意识；开展就业指导专家系列讲座和就业咨询服务活动，将“个案”问题的具体指导融合到共性问题的辅导讲座中。

高职院校大学生就业指导工作要整合全校之力，结合培训部门、教学管理部门、学生会与团委、班主任等各方面力量，而不能仅仅依靠学校的就业指导工作部门。学校培训部门要积极向学生宣传职业资格认证的重要性，鼓励学生参加相应的职业资格认证考核，组织有效的培训，加强学生的职业资格水平，提高各种职业资格考试的通过率。

教学管理部门应抓好教学管理工作，积极对课程进行改革升级，组织各种职业技能竞赛，完善相应的激励制度。学生会与团委组织各种活动，要从学生职业能力培养角度出发，活动内容要丰富多彩，实践性强，真正起到锻炼、培养学生职业能力，提高学生职业素质的作用。学生班主任在制定班级制度、引导学生遵守学校纪律时，要考虑学生就业能力、素质、意识培养的问题。

多元化就业指导要求把全程化指导作为高职院校大学生就业指导的关键，把全员化指导作为高职院校大学生就业指导的关键保障，把全面化指导作为高职院校大学生就业指导的目标，努力提升高职院校大学生就业指导的实际效果，强化学生的就业能力，提升学生的职业素质，增强学生的职业意识，培养学生的职业道德，树立学生的职业观念，让学生就业有基础，发展有保障，创业有希望。

三、高职院校大学生职业生涯规划

职业生涯规划对每一位大学生日后的个人发展都至关重要。无论学校还是学生，都应对职业生涯规划给予足够重视。学生在进行职业生涯规划时，要结合个人情况、制约因素以及当前的机遇综合考量。每名大学生都应明确自己未来期望的职业方向、职业发展道路、职业目标，并为此规划好后续的发展计划、培训计划、学习计划，让未来的职业生涯有一个明确的行动方案。

简单来说，高职院校大学生职业生涯规划包括想从事什么职业、能从事什么职业、具体应该怎么做三个方面。职业生涯规划如果设计的科学合理，可以在学生日后的职业生涯中起到重要作用。学生在设计职业生涯规划的同时进一步认清自己，认清社会形势，有利于确立正确的职业方向、职业发展道路、职业目标，日后当学生在职业生涯中遇到困难时，职业生涯规划可以对学生起到激励和引导作用。职业意识教育、职业生涯规划等职业生涯教育已经受到越来越多高职院校的重视和关注。

（一）树立正确的价值观

职业理想是指人们对未来职业表现出来的一种强烈的追求和向往，是人们对未来职业生活的构想和规划。对高职生来说，明确高等职业教育培养的是生产、建设、管理、服务一线需要的“下得去、留得住、用得上”的高技能人才，自己的个人理想要和社会的需求、社会的责任及社会发展的趋势结合，降低就业期望值。现阶段我国的许多企业科技含量还不高，劳动强度还比较大，大部分高职毕业生所能够获得的初始劳动条件远远没有他们想象的优越。高职生群体选择职业时应该有吃苦的思想准备，要树立到第一线去建功立业的思想。

（二）正确进行职业分析

大学开设的专业基本上都是与社会上一定的职业相对应的。高职生要根据个人兴趣与能力特长设计职业生涯，充分发挥自己的优势，扬长避短，做到人尽其才、才尽其用。自我分析要客观、冷静，不能以点代面，既要看到自己的优点又要看到自己的缺点，避免设计中的盲目性。不同的职业对人的素质要求当然不同，因此在自己所学专业的基础上，分析未来职业对从业者的素质要求非常重要。学生应通过各种媒体了解自己所要选择的职业及其对从业者的素质要求，有针对性地对自己加以培养。

（三）评估职业发展环境

不同专业有不同的就业方向和培养目标，高职院校学生对职业发展环境应有充分的了解和认识，从发展变化情况和特点方面对职业发展环境进行合理分析，能够对影响职业生涯发展环境因素进行正确评估，对环境因素的限制和优势有一个整体把控。对行业的薪资待遇和人才供给情况要有一定了解，并以此作为依据进行职业生涯规划。高职院校学生要对自己所学专业的知识技能有突出的掌握程度，满足用人单位对职员的需求。除此以外，学生还应横向自我扩展，了解、学习与专业相关的知识、技能和技术。

（四）制定职业生涯规划

在制定一个合理的职业目标后，要为此规划好后续的发展计划、培训计划、学习计划，让自己未来的职业生涯有一个明确的行动方案。行动方案要求可行性高、科学有效、详细周密，可以根据近期目标、中期目标与长远目标制定。因为职业生涯规划在实施过程中会受到很多因素影响，实施之前是无法百分百确定其合理性。因此，在实施过程中要及时评估、修订、完善、调整。

四、高职院校大学生的创业教育

（一）高职院校大学生创业素质的培养

创业素质是大学生自主创业的根基，也是学生职业生涯良好发展的有力保障，因此要重视大学生创业素质的培养。随着国家、社会、学校对大学生创业越来越认同，毕业后选择自主创业的学生数量越来越多，高职院校应加大对学生创业素质的培养力度，培养学生注重细节、交流合作的能力、创新意识、吃苦精神等相关素质。

1．素质一：良好的创业意识

大学生要成功实现自主创业，必须具备一定的创业意识。创业意识包括创业信念、创业抱负、创业志愿、创业意向、创业动机、创业需要等方面，是创业的前提条件，也是创业的动力源泉，更是创业行为与创业思维的必要基础。在进行自主创业活动过程中，创业行为和创业态度会受到创业意识的影响。大学生，尤其是有自主创业意愿的大学生应加强自身创业意识的培养，时刻保持自立自强的精神风貌，培养适当的危机意识，强化自我推销、自主学习能力，促进产学合一。有自主创业意愿的大学生在创业时，应综合考虑社会需求以及自身的职业期望、个性特点、专业素质和兴趣爱好。

2．素质二：把握市场能力

大学生要成功实现自主创业，必须具备一定的市场把控和市场分析能力，对市场需求、行业趋势、未来走向做出正确分析。现代市场竞争趋于白热化，要在异常激烈的竞争中站稳脚跟，必须对市场足够敏感，发现隐藏的商机，善于分析敌我之间的形势。有自主创业意愿的大学生应积极参加各种社会实践活动，磨砺自身把握市场的能力，为日后应对激烈的市场竞争做好准备。没有把握市场的能力，就难以把握商机和经营之道。

3．素质三：坚韧的创业毅力

大学生要成功实现自主创业，必须具备坚忍不拔的毅力。创业可能成功，也可能失败，会遭遇各种苦难，只有具备坚韧的创业毅力的人，才有资格笑到最后。

4．素质四：丰富的创业知识

大学生要成功实现自主创业，必须掌握满足创业需求的相关知识。成功的创业者共有的一个创业素质是专业知识，没有丰富的专业知识，则不能确定创业方向和创业目标，要进入一个行业，一个领域进行创业，则必须对该行业，该领域有充足认识。有自主创业意愿的大学生应努力学习相关专业知识，提升自身专业素质，强化自身专业能力，掌握必备专业技术。不仅如此，成功的创业者还应对相关知识活学活用，具备合理应用专业知识，解决创业过程中遇到问题的能力。除了相关专业知识外，方法论、社会技能、营销学知识、法律知识和管理知识等非专业知识同样重要。

5．素质五：人际协调能力

大学生要成功实现自主创业，必须具备良好的人际协调能力。创业不是一个人的事情，涉及和团队内的其他人、团队外的合作伙伴、客户，甚至是与竞争对手的交际，为避免矛盾，提升工作效率，创业者应具备协调人际关系的能力。成功的创业者一般交友广泛，具有很强的人际交往、沟通、合作和公共能力。

6．素质六：注重细节的习惯

大多数企业认同细节决定成败的这一观念。细节看似简单，但它往往是企业成败的关键，创业失败大多是因为忽视细节所致。学生创业者通常有远大的理想抱负，但却不屑做身边的小事，不愿从事服务业或技术含量较低的行业。其实做实业、贸易中的大量工作，都是一些琐碎、繁杂、细小的事务的重复。

(二）高职院校大学生创业行为的引导

以传统的方式来评价、衡量，创业学生不一定优秀，有时甚至因为创业而在时间与精力上与学业冲突。而目前的奖学金、优秀学生评选等，学习成绩优良是必备的条件。因此，很多创业很成功的学生因为考试成绩的排名不够靠前而与优秀学也的评奖无缘。不仅是评奖体制，现行的教育管理体制也不利于学生创新创业。应转变观念，成绩好的是好学生，创业好的更是好学生。为此，应改革教育管理体制，从制度层面保障创业学生脱颖而出。

1．鼓励大学生创新创业

每年高校毕业生的急剧增加，给就业市场带来巨大压力。据教育部统计，2018年全国高校毕业生是820万人，比2017年增加了25万人。但仍有大量的应届高校毕业生未能如期就业。高职学生创业素质的养成对学生的职业生涯中的后续发展十分有利。

各大高职院校应鼓励学生创新创业，加强学生创业素质的培养，为学生营造一个良好的创新创业环境，让学生不仅能够成为求职者，更能成为创业者。在发达国家实行了多年的创业教育，在实践中积累了成功经验，在创业、创造、创新人才培养方面做得非常好，带动了国家创新体系、高科技产业的发展，为社会的经济发展做出了巨大贡献。

2．转变传统观念，支持学生创业

自主创业是一种新的就业模式，高职院校学生要善于利用高职院校学生乐操作、好交往、有激情的优势，鼓励他们自主创业。无论学校还是家长，都应转变传统观念，对学生自主创业的意愿给予足够尊重和支持。

3．引导学生创业意志与行为

日常教学过程中，教师可以将著名企业家的过去和现在的情况介绍给学生，并引导学生阅读杰出企业家的事迹，了解他们经历多次失败后获得成功的历程。至于商业、市场、经济、管理类相关学科更是将创业必备知识渗透到每一门课程中，包括商业成本、边际利润、资金计划、收入记录、价格构成、税收、市场分析预测和软件设计等有关内容，培育学生良好的创业意识和创业素质。同时，要充分挖掘身边的同学创业成功的例子，对学生进行创业意志与行为的引导。学院还可以举办大学生创业计划大赛等活动，通过这一平台让更多的学生认识到创业并非高不可攀，并非无从下手，关键是自己有没有这份信心。

当然，创业也不是空穴来风，需要经验的积累、客户的建立等。实践是创业能力获得的基本途径，学生可以先从打工开始，一步一步为创业积累经验。

4．提供创业基金的支持

资金不足是当前大学生毕业后选择自主创业面临的一个重大问题。各高职院校应设立创业中心，邀请成功创业的企业家来学校和学生分享创业理念和创业经验，培养学生的创业意识、提高学生的创业能力。与此同时，创业中心还应积极筹集创业基金，支持大学生创业。

韩国政府为解决大学生创业资金不足问题，设立了“创业支援中心”，对大学毕业生自主创业给予各种奖励措施。在政府推动和支持下，韩国出现了大学生创业热潮。我国政府应借鉴韩国政府的成功经验，为大学生创业提高基金支持。

5．减轻学业考核对创业学生的压力

高职教育较之本科教育对学科型理论传授有了很大改革，然而从各门课程的教学实践来看，教师还是倾向于系统的理论讲授。如何保证他们顺利完成学业又不影响创业？

其实，创业行为本身就是探索，也是一种学习，而且是一种主动的、积极的学习方式。可以把我国传统教育的“学多悟少”与美国的“学少悟多”结合起来，实施学业上的弹性管理，让创业学生通过集中学习或远程学习、交作业等方式来完成学业。在学业考核中，不仅要考书面的理论知识，更要考学生对知识的运用能力。考评标准变“学过什么课程”为“能做什么事情”。可以试行学分替代制，即把创业行为与效果折算成学分来替代学生不愿学或学不好的那门课程。

总之，高职院校可尝试以学生创业园为基地，以创业大赛等活动为载体，以日常中的打工、兼职为锻炼创业能力的形式，开展好学生的创业教育活动，以创业带动就业，开创一片天地。

第三章　高职院校校园文化建设现状与对策分析

高职院校必须有组织、有计划地进行校园文化建设。本章以高职院校校园文化建设现状与对策分析为切入，分析高职院校校园文化建设中的问题及原因，论述高职院校校园文化建设的基本原则、高职院校校园文化建设的主要措施。

第一节　高职院校校园文化建设中的问题及原因分析

校园文化建设不是一蹴而就的事情，而是需要长期、全面进行建设的系统性工程。纵观我国高职教育历史，处于起步晚、发展慢的阶段，日益增加的挑战及困难袭来，要求从事教育的工作者，担起建设校园文化的重担，通过师生的齐心协力，化解遇到的一切困难，创建完善优越的高职院校文化。

一、高职校园文化建设中的问题

近些年，高职校园文化在建设中已经得到重视，并取得了一些成果，比如不断提升校园精神、更加丰富多彩的校园文化活动、深入开展的校企合作、规范化的日常管理、完善的基础教育设施及健全的校园管理制度等，但是也存在一些来自主客观因素的影响，带来一些亟待解决的问题。

（一）缺乏科学认识

对校园文化的基本认识，有利于加强校园文化建设，但是，校园文化在很多高职院校容易被误解，从而引发校园文化建设没有一定的科学性，在一定程度上阻碍了校园文化建设的有序进行。一种思想认为思想教育及学生管理属于校园文化建设，而仅在此范围内开展相关文化建设，使得建设范围缩小，没有形成一种引导激励机制，让学生能够积极主动参与文化建设；将课余文化活动定性为娱乐文化，也就是校园文化建设，忽略了师生的人文、道德及内在精神等方面的培养，从而缩小校园文化建设范围；将精神文化等同于物质文化建设，从而否定校园文化建设的基本特性等。

面对以上问题，可以通过如下方式加强校园文化建设：①营造积极向上的校园精神，以正确的舆论为导向，培养师生奋进的工作热情，拥有对生活、学习及工作的热爱心态，从而鼓励全校师生不断激励自己，奋斗不止；②让学生保持正确的政治立场、养成学生分析社会形势走向的习惯，从而进一步加强校园文化建设，从思想道德、素质及行为习惯大力培养，为校园文化建设提供更好的人才支撑。

（二）缺乏系统规划

校园文化建设遇到诸如文化底蕴缺失、起步晚及发展慢等问题，而多数高职院校一味追求硬件建设，出现严峻的就业及繁重的教学任务等问题，从而使得学校无暇顾及软件建设，很难有全局性的规划、设计并组织校园文化建设，甚至混淆精神、行为、制度及物质的内在联系，从而不能科学地规划校园文化建设，导致出现缺乏总结问题机制，经验不足等问题，校园文化建设变得毫无系统性可言，容易引发学习工作拖拉、校园精神涣散、工作程序错乱、制度建设残缺及校园管理混乱等现象。所以，高职院校的校园文化要保持一种良性的发展趋势，必然需要经过系统、统筹及科学的规范方法加以实现。

（三）缺乏职业模式

如今，多数高职院校在对其教育文化内涵、特点及规律不甚了解的情况下，简单照搬复制，一些高校或中专学校的文化模式，造成校园文化与高职教育的培养目标脱节，失去校园文化的职业性。由此引发一系列问题：①校园文化品位欠佳，高校过于关注科学研究、招生就业、师资培养及基础设施建设等方面的工作，并没有将精力放在校园文化建设中，导致校园文化缺乏较高的品位；②没有在企业文化与高职校园文化之间建立清晰的认知，致使两者出现无法衔接的问题，造成学生在职业理想、道德、意识及技能方面缺乏实践性；③高职院校仅停留在一味模仿复制，囿于中专或普通高校文化中，缺乏创新、毫无特色且模式老化等问题。

总之，高职院校的职业人才培养机制受限于文化模式的单一性，为了更好地解决这一问题，应当加强高职院校的校园文化建设，创新出一条新型校园文化及人才培养模式，深化高职教育文化内涵，使得其教育特点得到凸显，从而增强高职院校文化的职业性，为高职教育文化建设发展提供强有力的支撑。

（四）文化品位投入不足

高职院校在发展中并没有将更多的人力、物力及财力投入校园文化建设中，是因为重视业务胜过建设文化；物质文化相较于精神文化，更加受到教师的重视；

教师只是一味地写书评职称，将文化建设置若罔闻；学生则忙于考证工作；校园文化环境建设缺乏资金支持，导致文化品位欠缺，甚至囿于资金压力，扩大办学规模。

当前，许多高职院校处在发展时期，在校园文化建设方面，人力、财力、物力的投入均严重不足，导致出现以下现象：①学生数量增加，迫使学校将大部分精力放在新校区的建设上，而无暇顾及校园文化建设；②增加学生数量，使得师资力量亟待扩增，从而给教师工作带来较大压力，引发工作效率及质量的降低；③学生的整体素质严重影响了教学质量及管理秩序。

以上现象使得校园文化建设受到严重影响，导致校园文化品位逐日下滑。所以，需要通过具体的举措缓解这些问题，比如创造师生共建共享的文化氛围，充分激发其兴趣和热情；基于学校实际办学现状，对招生规模加以限制，以此有序推进学校文化建设科学、持续及良性发展；吸引国家政府资金注入，为职业教育提供适当的经费，从而避免资金短缺造成学校盲目扩招的现象。

（五）教师教育不力

教师在教学过程中，是先进文化的传播者，其人生经历、行为模式、道德品行、政治思想及价值观念影响学生教育，但是，教师面临着生活、科研及教学的各方压力，导致重视收入而忽视文化建设，在一定程度上削弱了校园文化建设，不能很好地起到知识引导，教书育人的作用，影响了校园文化建设的发展。所以，教师应当重视校园文化建设，明确自身教育、管理及服务学生的基本职责，在做好管理、教学及科研工作的同时，投入与文化建设，从而提高教育学生、管理学生、服务学生及培养学生能力，为校园文化建设做出应有贡献。

二、高职校园文化建设中问题的原因分析

当前，我国高职校园文化建设存在诸多问题，既有客观原因，又有主观原因；既有社会因素的影响，也有各高职院校自身的原因。概括起来主要有以下四方面。

（一）缺乏认识

关于如何建设校园文化，需要从自身找原因，是否对高职校园文化建设涉及的基本规律、原则、方法和措施等问题有清晰认知；对其必要性及重要性是否明确；对高职院校特点、功能及内涵是否有深刻认识。但是，多数高职院校的负责人并没有给予校园文化建设高度重视，对其文化内涵、发展特点及规律认识不清，没有将校园文化建设放在整体布局中加以考虑和实施，没有完整地分析总结实践工作，从而造成规范缺失、效率得不到提高，文化建设系统不够完善。

此外，对校园文化建设定位不够明确，甚至存在一部分教师将其厘定为学生工作部门的工作范围，其他行政管理者则对校园文化建设的系统性没有建立一定认知，只对物质文化建设作为主要的工作内容，而忽视精神文明建设，无视行为规范、规章制度、校园精神等校园文化方面；学生没有树立正确的文化建设观，视参与文化为浪费时间，参与度不高，从而引发混乱的学生管理，推诿现象严重，没有形成良好的文化建设氛围，难以提高学校整体的教学质量及办学水准。

（二）缺乏动力

建设校园文化，需要充分调动全体师生员工的创造力、积极主动性，践行在校园的各方面，并有效推进高职院校的文化建设。

高职教育校园文化的建设过程，不仅需管理人员具备高尚的操守、严谨的作风及精干的管理，还需要具有奉献精神的教学人员、理论知识丰富及操作技能熟练，增强服务人员的后勤保障力量，从而真正实现服务、管理及教书三方面的育人工作。如今的高职院校出现严重的内动力不足，比如有些教师思想懈怠，奖励、岗位职责考核及竞争人才引进等机制不够健全，制度建设尚待完善等，这些阻碍了高职院校文化建设的发展。

（三）缺乏活力

尽管教育在社会发展进程中，已经开始进行深度改革，但是仍然出现教育经费短缺，社会对人才的选择倾向于高学历，而轻视高职院校的毕业生。究其原因，从主观上看，学校领导将经济收入作为基本的教学价值，而学生则由于高考的不理想，产生厌学的不良情绪。从以上两方面因素可知，高职院校处于发展缓慢的阶段。

随着社会发展及教育改革的深入推进，高职教育改革势在必行。从客观上看，国家对高职教育经费投入不足，社会对高职学校和高职毕业生存在忽视倾向，企业对人才消费存在追求“高学力”倾向，一些教学计划及大纲的更新仅是文字方面的简单修改，并未进行实质性改革，一些教材及课程没有实质性建设；新技术、新方法等没有被更好地引入课堂；传统的教学技术及手法，导致新的教学模式不能被更好地推广。

（四）存在阻力

当前，我国高职校园文化建设面临多方面的阻力和挑战。首先，从国际环境来看，某些国家企图从思想上腐蚀当代大学生，让他们丧失学习动力。其次，随着网络文化的发展，网上许多不好的内容腐蚀着广大青年学生。最后，由于用人单位以高学历为基准，使得学生就业压力过大，加之高职院校中存在资金来源、实训基地建设及招生就业等竞争，使得一些院校出现畸形的恶性发展，造成高职教育在文化建设中困难重重。

如今的高职院校仍然存在如下问题：学校附近复杂的环境、社会对人才的偏见、教育改革中的新问题、学校领导的教学思想及职业教育经费不足等各种弊端。

第二节　高职院校校园文化建设的基本原则

高职院校必须有组织、有计划地进行校园文化建设。校园文化建设应从校园内师生的特点出发，要符合教育规律，围绕教育目标，顺应社会的发展趋势。校园文化建设工作包含，校园风气建设工作、校园精神培养工作、全校师生良好行为习惯的培养工作，学校各种规章制度的制定工作、校园基础设施建工作、优化和制定各种措施方法的相关工作、完善和探索文化模式的相关工作以及构建校园文化建设长效机制的相关工作。在开展校园文化建设的过程中，要时刻坚持导向性原则、时代性原则、职业性原则、主体性原则、渗透性原则、创新性原则、协调性原则、渐进性原则等基本原则。

一、导向性

高职院校校园文化建设必须坚持导向性原则。高职院校的重要作用之一，是为社会主义事业培养接班人，为社会主义建设培养建设者，因此高职院校校园文化建设必须遵循党和国家的教育方针，向社会主义方向开展文化建设。高职院校校园文化建设想要取得一定成效，必须要对党和国家的教育方针全面落实，应符合应用型高级技术人才的培养方向，帮助学生树立正确的世界观、价值观、人生观、职业观，对学生职业素养和品质意志的培养起到促进作用。各高职院校应把校园文化建设融入学校的日常教育工作当中，多开展一些有益的校园文化活动，为学生营造良好的文化氛围与学习环境，让学生可以在学习专业技能、知识的同时，提升自身的文化素质。

二、时代性

高职院校校园文化建设必须坚持时代性原则。高职院校的校园文化建设应顺应文化、经济、政治、教育改革等方面的最新发展趋势，紧跟时代步伐，突出时代特征。校园文化建设的方式、方法、内容应不断发展创新，以满足社会对人才的需求。各高职院校应时刻关注学科发展的新动向、新技能、新方法、新知识、新思想、新观念等时代革新，深化教育改革，对学生的学习环境和教师的教学环境要积极优化，让校园文化建设能够与时俱进。符合时代特征，与时俱进的校园文化可以有效推动学生的全面发展，促进学生向“应用型”“技能型”人才发展。

三、职业性

高职院校校园文化建设必须坚持职业性原则。高职院校的首要任务是培养学生的职业素质，提高学生的专业技能水平，因此，在校园文化建设过程中要坚持职业性原则，让职业素质教育和文化建设有机结合，帮助学生更广泛地培养职业才能，让校园文化建设成为学生职业发展的助力。

各高职院校的校园文化建设应符合各专业的文化内化，要能够体现出职业特点，在文化建设过程中应注重管理互融、文化交流、基地建设、工学结合，把企业文化融入校园文化建设当中。高职院校校园文化建设应成为企业文化教育与职业教育间的桥梁，应为学生提供“准企业化”“准职业化”的学习环境。具有职业性的校园文化，可以帮助学生获得良好的企业适应能力、树立正确的企业精神，提升学生的职业素质水平。

四、主体性

高职院校校园文化建设必须坚持主体性原则。学校的全体教师、教职员工和学生都是校园文化的主体，在校园文化建设过程中应充分尊重他们的主体地位，充分发挥他们的主体作用，让每一名教师、教职员工和学生能够在校园文化建设中发挥自己的力量和作用。

各高职院校应积极组织各种形式的文化活动，让所有师生都能参与其中，符合学校实际条件和专业特点的文化活动，让全校师生的文化生活更加丰富多彩，帮助师生发展个性，陶冶情操，帮助校园文化主体中的每一个人养成良好的行为习惯，树立正确的道德观念，培养正向的人生态度，有利于促进全校师生意志品质、思想观念的升华。

具有主体性的校园文化可以充分发挥全校师生、全体教职员工的主观能动性，帮助他们实现自我表现、自我超越和自我提升。

五、渗透性

高职院校校园文化建设必须坚持导向性原则。各高职院校在开展文化建设工作时，应与企业和社会密切合作交流，积极为学生争取在职培训和企业共建实训基地，在技术开发、攻关上，加强与企业和社会的合作交流，促进与社会、企业的联合办学，促进企业文化和社会文化对校园文化的渗透，让企业文化、社会文化与校园文化有机结合，相互交融。

各高职院校应和企业、社会建立交流、联系，积极学习、借鉴新的企业、社会文化，防止校园文化建设和社会发展、企业发展脱轨。促进企业文化向校园文化渗透的最有效方式是“校企合作”，通过“校企合作”可以实现校园文化与企业文化的融合。各高职院校应对当前优秀的企业文化、社会文化进行充分挖掘，找到其文化内涵，与企业和社会密切合作交流，积极为学生争取在职培训，和企业共建实训基地，在技术开发、攻关上加强与企业和社会的合作交流，促进与社会、企业的联合办学，从而让企业文化、社会文化科学合理的渗透校园文化当中。学校可以用通过专业技能比赛、创新竞赛、科技活动等方式，提升学生的专业技能和职业素养、培养学生的创新意识与科技意识，促进优秀企业文化向校园文化的渗透。校园文化建设过程中坚持渗透性原则，有利于促进校园文化在文化特点、行为方式、价值观念、精神理念等方面的发展，有助于推动企业文化、社会文化和校园文化的共同发展。

六、创新性

高职院校校园文化建设必须坚持创新性原则。时代在不断发展，社会在不断变化，高职院校的校园文化建设如果不能创新，就会落后，无法适应和满足社会对人才的需求，文化建设应谋求管理方式、文化载体、文化形式和文化内涵等方面的创新发展。为了让校园文化建设能可持续保持活力，应不断吸收新的企业理念和职业思想，各高职院校应和企业、社会建立交流、联系，积极学习、借鉴新的企业、社会文化，防止校园文化建设和社会发展、企业发展脱轨。高职院校校园文化建设应与企业文化结合，促进“校企合作”的形成，让“校企合作”带动校园文化建设的创新发展。

七、协调性

高职院校校园文化建设必须坚持协调性原则。协调性原则要求在校园文化建设过程中，精神文化、制度文化、物质文化以及行为文化要协调共进，共同发展，全面进步。为保证高职院校校园文化建设的协调性，应动员全校所有教师、教职员工和学生参与校园文化建设当中，让文化建设渗透所有成员的生活、学习、工作中的方方面面。

各高职院校应统筹规划，全面部署，加大物力、财力和人力投入，充分调动学校与企业，学校与社会之间的关系，让企业与社会在校园文化建设中起到最大化作用。学校内各个部门应密切配合，共同参与校园的文化建设当中，把自身的职能发挥到极致。高职院校校园文化建设要保证精神文化、制度文化、物质文化以及行为文化四个方面协调共进、共同发展、互相促进、相辅相成、全面进步。

八、渐进性

高职院校校园文化建设必须坚持渐进性原则。任何事物都有其自身的发展规律，进行任何工作都应遵循其自身规律，不能盲目激进，高职院校校园文化建设更是如此。在开展校园文化建设工作时，务必要遵循校园文化的发展规律，从高职教育的特点和规律以及各高职院校自身的实际情况出发，统筹规划，循序渐进。

校园文化建设工作包含校园风气建设工作、校园精神培养工作、全校师生良好行为习惯的培养工作，学校各种规章制度的制定工作、校园基础设施建工作、优化和制定各种措施方法的相关工作、完善和探索文化模式的相关工作以及构建校园文化建设长效机制的相关工作，其中每一项工作要进行科学规划，明确相关责任人、责任部门，具体措施以及各个阶段目标，以保证校园文化建设持续、平稳推进。

第三节　高职院校校园文化建设的主要措施

加强高职校园文化建设，应从以下六方面入手。

一、加强组织机构制度建设，构建文化建设长效机制

加强高职校园文化建设，要通过会议、广播、宣传栏等形式大力宣传校园文化建设，促使校园文化建设深入人心，全校师生员工统一思想，提高认识，形成人人关心、人人参与校园文化建设的良好格局；要大力加强校园文化建设的组织机构和制度建设，加强校园文化建设的考核评价，努力构建高职校园文化建设的长效机制，使校园文化建设能持续、稳定地开展。

（一）加强校园文化建设组织机构建设，构建健全责任体系

为了搞好校园文化建设，学校应成立校园文化建设的专门机构，负责组织全校的校园文化建设工作，主要职责如下：

(1) 制订学校校园文化建设实施方案，并指导学校各部门、各系部制订相应的校园文化建设实施方案，认真抓好方案的落实。

(2) 在学校重大工作中，考虑校园文化建设工作，比如在教学楼、实验楼、图书馆、文化广场等的建设过程中，在校园的总体布局中，必须充分考虑文化内

涵，有一定的文化品位。

(3) 指导全校性的文化建设活动，例如对校园网站建设、校园宣传、大型文艺晚会、“三下乡”活动，在充分考虑文化内涵的情况下进行指导。

(4) 组织全校性的校园文化建设专题活动，例如，开展主题征文活动，丰富校园文化生活，了解师生的文化需求、对校园文化建设的意见和建议，从而更好地推动校园文化建设。

(5) 组织校园文化建设工作的检查、考评，促进校园文化建设工作良性发展。

此外，学校各部门、各系部要成立相应的校园文化建设组织机构，各部门、各系部主要负责人为第一责任人，负责组织本部门、本系部的校园文化建设工作。通过健全组织机构，明确责任主体，构建了健全的责任体系，促使校园文化建设工作较好地落到实处。

(二) 加强校园文化建设制度建设，构建完善制度体系

学校应出台相应的规章制度来加强校园文化建设，如《校园文化建设实施方案》《廉洁文化进校园实施方案》《学生社团组织管理办法》《学生文体活动管理办法》《校园文化建设考核办法》等。通过出台一系列内部管理制度，逐步构建完善的校园文化建设制度体系，为校园文化建设的开展和考核提供强有力的制度保障，使校园文化建设工作规范化、制度化、常规化。

(三) 加强校园文化建设工作考核，构建完善评价体系

每年年底，学校应对全校的校园文化建设工作进行全面总结，各部门、各系部依据《校园文化建设考核办法》先进行自评，再进行互评，最后由学校的校园文化建设专门机构对各部门、各系部的校园文化建设工作进行检查、考评，由此形成完善的评价体系，从而有效地推动校园文化建设。

二、加强物质文化建设，做实硬件配套

物质文化建设是校园文化建设的重要内容。加强物质文化建设，做实硬件配套，对于建设和谐、美观、干净、整洁的校园环境，提升校园文化品位，提高办学质量和办学水平具有重要意义。加强物质文化建设，要重点抓好以下五方面的内容。

(一) 校园环境建设

校园是开展文化育人活动的主要场所，其环境质量将直接影响学生教师的学习与工作。通过营造环境整洁、积极向上、学风严谨的校园环境，可以有效提升教学愉悦感和情感体验，提高学习效率。

良好的校园环境主要包括以下三方面内容：一是要合理规划，校园环境建设是一项复杂工作，涉及自然环境、人文环境和基础设施等多个方面，只有进行合理的总体规划部署，才能有序展开建设工作，进行有计划的校园绿化工作，在人文环境建设工作中合理对书刊报刊亭、名人雕塑、宣传栏、文化角等进行规划。此外，加大对基础设施的投入，在此基础上开展构建工作，将提升效率、少走弯路，因此，整体规划对于校园环境建设十分必要。二是布局设计要有创新性，学校不仅是传授知识的场所，还是一个文化与艺术相互碰撞交融的场所，是一个引导正确的道德风尚的场所。因此，每一个学校在环境建设设计时，应当充分结合自身校园文化与教育风格，将特色教学理念及价值观念贯彻到校园文化建设中，积极发挥创新性，打造具有特色的校园环境。三是要做好校园清洁卫生工作，整洁的校园环境可以愉悦身心，同时需要每一名师生参与，加强对环境保护意识的培养，积极开展校园清洁和植树活动，培养师生爱护公物、保护环境的良好品德，共同参与良好的校园环境建设。

（二）基础设施建设

学校是一个集学校、工作与生活于一体的场所，其相关基础设施的建设与完善是保障学校正常运转的前提与基础。因此，不断完善学校硬件与软件设施的建设，为师生教学提供良好的环境支持。在此过程中，需要考虑以下问题：首先，要进行合理的规划布局，对学校功能区进行划分，包括教学楼、图书馆、办公楼、科学实验楼、活动中心、宿舍区和食堂区等，不仅能够有效利用建设资源，还能够保障后续建设工作与投入使用的高效性；其次，严格把关设施质量，保障教学条件的安全性，满足长期使用要求；最后，避免重复建设和资源浪费，对陈旧的基础设施进行适当改造，在新设施的规划上要适度超前，在满足教学需求的前提下，将学校的基础设施进行改观。

（三）图书馆建设

图书馆是学校图书资源的存储库，是资料检索、学习和阅读的重要场所。良好的图书馆环境有助于学生拓宽视野，培养学习兴趣，提升参与校园文化活动的积极性等。因此，应当积极开展图书馆建设：首先，根据学校的专业设置情况和学习资源需求，拓展图书期刊的资源，包括纸质图书数量和网上资源；其次，完善硬件设施的配套，加大对阅览室、学术报告厅以及图书馆信息网络体系建设的投入力度。此外，改进图书馆的服务质量，比如建立合理完善的图书馆工作规范和管理制度，对工作质量和业务水平进行规范和考核，举办工作人员的培训和交流活动，提升其服务意识和工作水平，还可以积极创新图书馆服务的形式，改进工作效率等；最后，丰富图书馆文化活动形式，通过开展读书交流会、学术讲座、读书征文、作品展等形式，调动学生参与积极性，使其在图书馆这个课外课堂中拓宽自己的视野，培养自我学习和主动学习意识，辅助提升课堂学习效果，从而真正实现其文化育人功能。

（四）校园网络建设

在信息化时代背景下，依托互联网多媒体资源，完善校园网络建设具有十分重要意义。一方面通过网络联系，高校各职能部门之间能够有效合作协调配合，提升校园工作和校园管理的效率，满足师生的教学需求；另一方面建立校园网路与外界网络的沟通渠道，可以实现教学与外界资源、校园文化与社会文化、学习与休闲等不同方面的交融，不仅便捷了师生与外界联系，而且有助于学校以开放性姿态吸收外界文化的优秀成分，打造有竞争力的高水平校园文化。具体而言，校园网络建设应当从以下几方面展开。

第一，网络设施的建设。包括硬件设施和软件开发两部分，如校园网的构建、教学平台与软件的开发、网络信息安全维护和技术保障等。

第二，引导正确的网络文化环境。校园网络文化环境应当始终坚持社会主义核心价值观的指导，以宣传正能量和弘扬道德风尚为主要目的，通过先进事迹报道、网上党课、校友沟通交流贴吧等形式，使师生参与网络文化沟通，学校应当与时俱进地结合时事，引导健康向上的校园舆论和文化氛围，使师生能够接受到科学真理和先进文化的影响。

第三，提升网络文化工作者的业务水平。从业者的素质与水平将直接决定着网络建设和维护的效果。为保障校园网络的正常运转，学校应当成立专门的网络中心和管理部门，加强对工作者专业知识和政治素质的培养，不论是管理人员还是技术维护人员，都应当具备过硬的政治思想，极强的责任感和良好的工作作风，从而保障校园网络在维护和管理方面的安全性。

第四，培养学生的网络信息辨识能力。信息化时代的一大特征是信息爆炸，学校师生可以通过互联网接触到多种信息，培养正确明辨信息资源的能力是学校网络建设的重要内容之一。从学校角度出发，首先，应当加强对不健康信息和不正确舆论的监管和抵制，确保健康阳光的校园网络文化环境，比如可以开设多种专栏宣传正面文化信息；其次，学校要积极开展网络健康教育和网络道德监管活动，除了传授知识技能之外，将正确的价值观、道德观和法制意识逐渐渗透到日常教学中，从而提升学生自我明辨是非的能力。

（五）实训基地建设

实践性是高职教育的重要特点，实训基地是实践性教学的物质基础。没有条件优良的实训基地，高职院校实践性教学就无法开展，培养“应用型”“技能型”人才的目标就难以实现。加强实训基地建设，要注意校内、校外同步进行，充分利用社会和企业资源；校内实训基地建设，要适应专业发展及学院整体发展的需要，关注学科前沿，适度超前建设；校外实训基地建设，要紧密结合专业发展及实践教学的需要，坚持学校、企业、学生共赢的原则，努力建设成既能促进校企共同发展，又能促进学生实践技能和实践能力不断提高，并有利于学生就业或自主创业的实训基地。例如，可以根据现有专业建成高质量的校内实训基地，由实训中心统一管理；同时，寻找多个稳定的校外实训基地，并覆盖学校现有各个专业。实践表明，通过加强实训基地建设，促进了实践性教学，有利于培养学生的职业技能、职业道德、职业意识和创新能力，促进了高职学生“职业人”的成长，把高职校园文化建设真正落到了实处。

三、加强制度文化建设，规范校园管理

制度是维持体系正常运转的保证，只有健全校园管理制度建设，才能为学校教学工作开展创造前提条件，为良好校园文化与学风的构建奠定基础，为校园管理的规范化提供制度参考。

首先，完善管理规章制度。在国家有关规定和政策的指导下，各高职院校应当根据自身情况，对校园管理制度进行合理制定和不断完善。

其次，加强制度出台前后的宣传。为切实保障制度执行的效果和效率，可以在制度出台之前，有针对性地开展调研活动或宣传座谈会，了解师生群体对有关制度的态度和想法，并采取适当的引导教育工作，使其在思想上做好准备；在制度出台以后，学校可以积极组织开展制度学习会，一方面通过教育和学习，使其充分理解该制度的主要内容、具体要求和执行的意义，在理解和接纳基础上，自觉执行和遵守有关制度；另一方面，可以及时反馈不合理之处，有助于进一步完善。

再次，严格执行制度。学校应当严格执行制度的有关规定，确保教学等工作有序运行。

最后，做好监督考察工作。为保证规章制度的严格贯彻和有效落实，学校应当定期开展检查和督导工作，对规章制度落实不到位之处进行严格批评和及时修正，确保规章制度明确时有严格的执行效力，能够切实对行为起到规范和监督作用。

四、加强行为文化建设，规范日常行为

行为文化是指行为本身和通过行为表现出来的社会心理、思维方式、思想观念和风俗习惯等文化形态。加强高职院校行为文化建设，要突出以下四方面的内容。

（一）加强教师行为文化建设，培养教师师德形象

教师是教学活动的重要主体之一，是学生在知识和道德上的主要模仿者。教师专业素质和道德修养的水平，将直接对学生发展产生影响，因此任何时候，学校都应当将教师队伍的建设放在校园文化建设的重要地位。对教师行为规范和文化建设主要从以下几个方面展开。

首先，工作作风要端正，正确认识教师工作的性质，严格遵从教师工作相关规章制度，以积极的态度对待教学工作，加强为学生和课堂服务的意识，耐心对待每一名学生，不断加强自己的理论水平和教学技能，提升自己胜任教学工作的能力，不迟到、不早退；其次，生活作风要朴素，在日常生活中要贯彻正确的价值观，待人接物要大方得体、面对困难要努力克服，不断提升自己的人格魅力，将勤俭节约、尊重他人的美德落实到细节，在思想道德品质上成为学生的楷模；最后，学术行为要规范，严格遵守教学和科研有关制度和规定，树立正确的学术道德观，严禁学术造假和抄袭，从而为学生的成长作出良好的示范。

（二）加强学生行为文化建设，培养学生良好行为习惯

学生行为包括学习习惯、人际交往、生活能力等方面，积极开展学生行为文化建设，帮助学生树立正确的价值观念，以良好的行为习惯处理日常学习和生活中的问题。具体而言，要培养学生待人礼貌、处事大方、助人为乐、尊师重道等品质，杜绝不良恶习。引导学生培养正确行为习惯的重要途径之一，是学生社团活动的开展。学校在充分尊重学生社团自主权的基础上，通过设立指导教师、监督社团管理等方式，提升学生社团组织的思想高度。此外，学校可以积极为社团活动提供场地和经费，支持鼓励学生积极参与活动，在参与过程中，不仅锻炼了学生的组织协调能力，还开阔了视野，增长了知识。因此，通过增加社团活动形式、丰富活动内容、提升趣味性，使学生接触到积极向上的文化氛围；通过社团活动锻炼，学习课外知识，加强学生之间的交流合作，树立负责任的意识，逐渐培养良好的行为习惯。

（三）加强校园文化活动建设，丰富校园文化生活

校园文化活动是教学活动的延伸，通过丰富校园文化活动的组织形式，将兼具知识性和趣味性的内容带入活动之中，激发学生参与的积极性和兴趣。在活动过程中不仅能够帮助学生拓宽视野，增加对课堂所学知识的深入了解，更重要的是可以使学生获得能力上的提高，包括人际交往能力、学习习惯、责任意识和道德情操等方面，促进学生全面发展。推动校园文化活动的建设，需要

考虑以下几点：

首先，加强引导，校园文化活动应当是积极健康的，学校应当对其进行总体把握和舆论引导，确保活动开展在创造休闲和趣味的同时，能够将知识、启发和思考带给参与者，使学生能够通过活动有所收获、有所提高。

其次，总结反思，校园文化活动的开展没有完美的模版可以照搬，应当不断进行经验总结和问题反思。在此过程中，不断改进活动组织形式和内容，使学生在参与中获得能力、品质等方面的提升。

最后，平衡与课堂学习之间的比重，校园文化活动虽然对学生发展有积极作用，但需要明确课堂的主体地位和校园文化活动的附属地位，要本着帮助学生适当减轻压力，提高沟通交流，培养综合素质的目标，合理设计活动方案，避免耽误正常的课堂教学。

增强校园文化活动的吸引力，应当在组织形式和内容上进行创新，使其兼具知识性、教育性和趣味性，在激发学生兴趣的同时，能够真正获得提升和发展，常见的形式有知识竞赛、辩论赛、文艺晚会、运动会、广播体操比赛、篮球比赛等，这些生动活泼的组织形式大大丰富了学校文化，广大师生在参与过程中得到全方面锻炼。

(四) 加强道德实践建设，培养学生文明素养

学生文明素质的养成要靠道德教育，更要靠道德实践。学院应当建立一批与专业相适应的社会实践基地和德育基地，组织开展服务活动、社会实践活动、红色旅游、参观监狱等，使学生既服务了他人，又锻炼了自己；既开阔了眼界，又得到了洗涤，受到了教育。实践表明，通过参加道德实践活动，广大学生道德意识、法制意识和法制观念不断增强，道德素质不断提高，自觉遵守“大学生守则”“大学生行为规范”及“公民道德规范”，真正实现了“在家做个好孩子，在校做个好学生，在社会做个好公民”的目标。

五、加强精神文化建设，改善校园精神

优秀的校园精神文化，能激发师生积极向上的进取精神和攻坚克难的意志品质，促使广大师生认真学习、努力工作、健康生活。加强高职校园精神文化建设，应从以下四方面入手。

(一) 校风建设

校风是由政风、教风和学风共同形成的完整体系。所谓政风指学校领导

者和管理者的作风；学风指学生对待课堂学习的态度和方法；教风指教师对待教学工作所采取的态度、方法和风格。因此，校风建设也应当围绕以下三方面展开：

第一，政风建设。学校管理层应当树立良好的工作作风，严谨工作态度、遵守规定原则，在平等、民主的前提下开展管理工作，同时要提高自身工作能力和品德修养，深入广大师生群体中，了解其真实需求，努力营造融洽、和谐、有序、健康的学校环境。

第二，学风建设。营造浓厚的学术氛围，鼓励学生积极参与课堂实践，培养自主学习和主动学习的意识，帮助学生养成良好的学习习惯，端正态度、提升自信心。

第三，教风建设。教师应当正确认识工作内容和工作性质，严格遵从教师工作相关规章制度，以积极的态度对待教学工作，以平等、尊重和鼓励的态度对待每一名学生，不断加强自己的理论水平和教学技能，要始终贯彻正确的价值观，待人接物要大方得体、面对困难要耐心坚持，在思想道德品质上成为学生的楷模，学术行为要规范，严格遵守教学和科研有关制度和规定，树立正确的学术道德观，严禁学术造假和抄袭，真正做到为人师表。

（二）校园人际关系的营造

和谐的校园人际关系，是师生正常学习、生活、工作的需要。营造和谐的校园人际关系，要做好以下工作。

1．建立师生间的和谐

教师和学生是教学活动的两大参与主体，师生良性互动将能够有效提升教学质量，因此，应当将构建和谐的师生互动关系当作校园文化建设的重要内容之一。从学生角度看，要充分意识到自己的课堂中心地位，以积极的态度和强烈的兴趣参与教师课堂互动中，不仅是对教师劳动成果的尊重，更是养成良好学习习惯的基本要求。在课堂上自觉遵守课堂秩序，专心听讲积极，思考提问，对于课堂学习内容的疑惑或教师的意见和建议，应当采用合理的方式进行沟通，按时完成老师布置的作业和其他任务；从教师角度看，要充分尊重学生的自主性，了解和把握每个学生的实际情况和学习特点，做到因材施教，对待学生的困难和疑惑要做到真心帮助和耐心解答，对于学生的表现应当多采用鼓励的态度，注重培养其学习自信心和学习能力。总之，师生之间的互动交往，要把握尊重、平等、坦诚的原则，采用真诚的亦师亦友方式，对学习和生活中遇到的困难进行沟通解决，构建和谐的师生关系，促进教学活动健康有序发展。

2. 建立教师间的和谐

学校的正常运行离不开各教师之间的协调合作，营造和谐的教师间关系，对于提升工作效率具有十分重要的意义。因此，可以采取以下措施：积极举办新老教师交流会，老教师将自己的教学经验传授授给青年教师，帮助其解决教学中遇到的实际困难，而青年教师可以帮助老教师更新教学技能和教育理念，通过优势互补，提升教师队伍的专业素质；开展多种形式的支部活动、教研比赛、工会活动，为教师之间互相认识加深了解提供平台，在活动中增强团队凝聚力，构建健康良好的教师间关系。

3. 建立学生间的和谐

每一名学生都是班集体不可缺少的一分子，学生之间的交往内容既包括彼此关心互相帮助，又包括良性竞争，营造融洽和谐的班集体氛围，为学生的学习和生活创造轻松愉快的氛围，有助于提升学习能力、完善学习习惯，还能够帮助其养成健康的心理和良好的品格。通过举办班级生活会、体育比赛和实践活动等方式，在参与中体会彼此互帮互致的乐趣，增强集体意识和团队意识，对于存在矛盾和冲突的同学，要采取积极沟通，主动敞开心扉的方式，消除误解，营造融洽的班集体氛围。

4. 建立学校领导与师生间的和谐

学校领导作为学校各项工作的指导者和统筹者，在管理上应当充分考虑广大师生的需求，创造和谐融洽的关系。首先，学校领导应当树立服务意识、提高服务水平，改变过去以指挥为主要形式的管理方式，转而积极听取师生的心声，立足于实际需求对学校各项工作进行改进，打造服务型的管理团队，切实解决教师和学生遇到的实际问题；其次，学校师生应当有大局意识，积极支持和响应学校领导的各项决策，自觉服从学校领导的各项安排，对于学校工作的各项意见和建议，要采用合适的方式进行反映，共同推动学校建设。

（三）爱国主义、集体主义、共产主义教育的开展

首先，积极开展思想学习会，将党的基本理论和方针政策进行深入讲解，使学生坚定共产主义理想，培养爱国主义情怀；其次，开展主题教育活动，围绕党团特殊纪念日，通过组织学生到爱国主义教育基地参观、观看经典教育影片、举办红歌比赛或征文活动等形式，使学生在过程中切实体会历史的宝贵，培养爱国主义情怀和民族自豪感；最后，通过邀请专家开展时事讲座、举办知识竞赛等形式，为学生提供了解国家和党史的机会。

（四）诚信教育的开展

诚信是立身之本，作为个人修养和思想作风的重要品质之一，对学生当前和未来发展起到举足轻重的影响。高校积极开展诚信教育主要包括以下措施：

首先，加强对诚信价值观的宣传，围绕诚信缺失问题开展辩论赛或讨论会，或者对经典案例进行讲解和讨论，或者举办诚信主题专题讲座等，让学生切身体会诚信的重要意义，逐渐树立诚信意识。此外，可以定期举办诚信主题宣传组织活动，通过宣传相关知识，帮助学生培养责任感和诚信思想。

其次，教师要做好模范表率工作。教师是教学活动的重要主体之一，是学生在知识和道德上的主要模仿者，教师专业素质和道德修养的水平，将直接对学生发展产生影响。因此，教师应当始终贯彻正确的价值观，待人接物要大方得体、面对困难要耐心坚持，将勤俭节约、尊重他人、诚信做事的美德落实到细节中，在思想道德品质方面成为学生的楷模；在学术和研究中落实诚信行为，严格遵守教学和科研有关制度和规定，树立正确的学术道德观，严禁学术造假和抄袭，为学生成长作出良好的示范作用。

最后，建立健全诚信制度。学校要加强诚信教育，必须结合自身特点，从制度上进行规范，制定诚信规章制度，严格贯彻和执行，保障校园文化的健康、文明、诚信；从政策上，监督和保障诚信教育工作的开展，培养具备诚信价值观的人才，担负起国家建设的重任。

六、加强校园文化品牌建设，提升文化品位

适应高职教育发展的需要，创建校园文化品牌，提升校园文化品位，是高职校园文化建设的长期目标，也是提高教育质量的重要途径。加强校园文化品牌建设，提升校园文化品位，要突出抓好以下五方面的工作。

（一）弘扬传统文化，夯实校园文化底蕴

加强高职校园文化建设，既要坚持党的指导思想，全面贯彻落实党的教育方针，又要以中国优秀传统文化为基础，建设成为有中国特色、有文化底蕴的校园文化。许多优秀的传统文化，如“成大业者先经磨励孝敬老人”“看家书不点官烛”等传统道德规范，在今天仍有积极意义，必须吸收其精华并赋予新的时代内涵。为了吸收中国传统文化精华于校园文化之中，促进校园文化建设，可以创建“孔子学堂”，编印孔子经典作品读本，定期开班授课，促进校园文化建设，夯实校园文化底蕴，提升校园文化品位。

（二）充分发挥党团作用

学校党委在校园文化建设过程中，可以进行总体部署和协调，具体作用包括以下内容：①把握文化建设方向，在党和国家教育方针指导下，在社会主义先进文化总体发展规划下，开展校园文化建设；②把握工作重点，对学校发展和师生利益相关工作重点予以明确提出和高度重视，阶段性推进教育改革和人才培养工作；③加强干部管理，为确保校园建设工作的有序推进，应当对管理工作进行改不断改进和完善，加强对干部的培训和考核工作，充分根据其能力特点和专长安排相应工作，提升管理队伍的业务水平和专业素质；④明确党组织的核心地位，在党组织带领下，充分发挥广大师生参与积极性，共同为校园文化建设做出努力；⑤发挥团组织作用，团组织作为校园建设的重要力量之一，对贯彻落实党的有关政策、组织开展各项校园活动有重要作用，党委组织应当鼓励和引导团组织参与校园文化建设，调动广大团员通过组织、落实和参与相关活动，推动生动活泼、内容丰富校园建设的进行，同时良好的校园文化建设又会直接使团组织及团员受益。

发挥党团作用，具体包括以下措施：①加强思想引导，为引导学生树立正确的思想价值观，学校党委应当加强对学生思想教育的指导，党委书记应当把握思想教育工作的总体方向，将其作为工作重点之一，党委副书记负责直接把握和部署相关工作，要掌握学生思想教育工作的进展和现况，学生工作部及团委主要负责具体工作的统筹，而各党支部负责思想教育工作的具体开展，由此形成总体把握具体部署的工作模式，确立党组织在思想教育中的领导地位；②开展宿舍党团评比活动，要将党团组织深入宿舍，通过举办宿舍党团支部的评比活动，充分推动学生宿舍文化建设；③举办党团主题学习会和生活会，学校党团组织应当结合时事进展，定期举办主题学习活动，在学习会中针对当前时事热点或学生困惑等展开讨论和答疑，在此过程中，帮助学生树立正确的思想价值观。此外，通过开展多种形式的志愿服务活动，使党员和团员在参与过程中进行反思和总结，促进自身品德素质的提高全面发展。

（三）积极倡导学习型文化

校园文化建设的核心内容之一是学风建设，良好的学习氛围和朴素的学风，将有助于激发学生钻研学问的兴趣、培养自主学习和终身学习的能力；反之，学生受到良好学风的熏陶而产生学习动力，将会促进学校向积极健康的方向不断发展。因此，高校应当积极加强学习型文化环境的建设，常见的措施有以下几种：积极举办演讲比赛、辩论赛和征文比赛等，加强学生自我展示和参与积极性；营造良好的宿舍环境，可以联合宿管科举办具有特色的宿舍文化节等；根据学校各专业的特色，有针对性地举办社团活动，比如临床医学专业举办临床技能操作比赛、法学专业开展模拟法庭等。通过这些社团活动和业余校园活动的开展，激发学生的参与兴趣，在参与过程中不仅获得了知识和能力上的提高，并且通过参与校园文化活动，推动学校良好学习氛围和扎实朴素学风的构建。

（四）开展主题教育活动

积极开展主题活动，提升学生专业水平、推动高校特色文化建设的重要途径。高校可以充分根据专业设置特点，组织开展相应的文化活动，比如通过举办艺术活动，让学生的才艺得到充分展示，使学生在艺术熏陶过程中，提升自信心和表现力；通过举办思想道德主题月活动，学生可以参与多种志愿服务活动、做好事或讲文明等形式，逐渐养成讲文明、懂礼貌、诚实守信等一系列道德品质；通过开展“我爱我校”系列活动，培养学生的主人公意识，为学校的整洁卫生、绿化建设和环境保护贡献力量，并逐渐树立环保意识，培养爱护公物、勤俭节约的行为习惯；通过开展职业道德教育活动，为学生将来的就业树立起良好的职业道德规范等。

总而言之，高校可以结合实际情况，在国家教育总体目标的指导下，积极创新教育形式，通过开展多种主题活动，使学生开阔视野、培养良好的行为习惯、树立正确的思想价值观念，使学校所培养的人才是具备综合素质的专业人才，同时，学生在主题活动中受益，将直接推动校园文化向着积极健康的方向不断发展，使校园精神和文化内涵不断创新和完善。

（五）不断创新校园文化载体

校园文化要不断创新，才有特色、有活力、有生命力。加强校园文化建设，必须适应时代发展的要求，不断创新文化载体，充分调动师生积极性和主动性，引导师生积极参与校园文化建设；充分发挥师生的创造力和想象力，努力形成有自身特色和亮点的校园文化品牌。创新校园文化载体应当采用以下做法。

1．努力打造校园文化品牌，凝炼文化特色

可以开展大学生文化艺术节、技能节、学习节等活动；也可以在升国旗、早操后，由资深教授向全校学生讲解学生学习锻炼、励志成才、为人处事、素质培养、就业创业等方面的故事；还可以成立孔子学堂，编印孔子经典作品读本，定期开班授课。通过这些活动，可以改善校园文化环境，让学生可以更好地提升自己。

2．积极举办校园刊物，为师生学习交流提供平台

学校层面上可以公开出版发行校园学报，学院层面上可以创办院级内部刊物，

各系部也可以根据专业特点创办内部刊物。实践表明，校园刊物的创办和广泛交流，既可以为学校师生的学习交流提供平台，又可以促进校园先进人物、事迹的宣传，融洽师生感情及不同专业学生间的感情，还可以打造系部特色文化。

3．深化校企合作，创新校园文化载体

积极开展校企合作，将学校和企业在教育中的优势相结合，不仅可以提升学生的实践运用能力，还能使学校教学方式不断创新和发展。加强校企合作应当从以下几方面展开：①理念融合，高校与企业应当紧密结合时代要求，将发展理念与时俱进，二者积极加强在管理教育理念上的沟通，取长补短、互相借鉴；②优势互补，高校的优势在于对科学知识和基础理论的扎实，企业的优势在于操作技术上的熟练，通过开展技术人员理论培训、教师实践技能攻关等活动，使双方优势互补，提升从业队伍的专业水平和综合素质；③创新办学形式，高校可以充分依托企业平台，丰富教学内容和教学形式；④加强文化交流，高校和企业可以通过联合举办文化活动、体育比赛等形式，使学生走入企业，这种方式不仅能够加强双方的沟通交流，而且使学生在参与和交流过程中，对职业形成一定概念，有助于其职业素养的培养。总之，通过深入校企联合办学，通过优势互补实现共同发展，有助于为学生健康成长和人才培养提供良好的校园环境。

第四章　高职院校文化育人的主要路径

精神文化是高职院校全体成员的群体意识、舆论风气、价值取向、审美观念等精神风貌的反映。本章围绕高职院校文化育人的主要路径，对高职院校精神文化建设路径、制度文化建设路径、环境文化建设路径、行为文化建设路径进行探究。

第一节　高职院校精神文化建设路径

精神文化是人类在从事物质文化生产基础上产生的人类所特有的意识形态，是人类各种意识观念形态的集合。精神文化是人的精神食粮，孕育着人的精神家园，决定着人的精神状态、精神生活、精神本质，是人的本质属性的体现；精神文化又是社会旗帜、“社会水泥”、社会规范，具有价值导向、精神源泉、凝心聚力的功能属性；精神文化还具有赋予民族国家国魂、集体单位群魂、个体思想灵魂的社会属性。

精神文化主要由知识、思维、方法、原则、精神五个要素构成，它们之间不可分割，互相渗透，彼此支撑，形成整体，功能各异。

一、各要素关系

(1) 知识是文化的载体。文化的沉淀直接表现为知识，知识是其他内涵的基础；没有知识，就一定没有文化，就一定没有力量；有知识，不一定有文化，不一定有力量。

(2) 思维是文化的关键。没有思维的知识是死知识；有了思维，知识才是活的。只有拥有知识才能激活自己、发展自己、超越自己；“人为万物之灵”，灵者，思维也。

(3) 方法是文化的根本。知识、思维要付诸实践，才有作用；付诸实践，必须有方法；方法是道路，是桥梁，一切创新必须源于实践。

(4) 原则是文化的精髓。它融于前三者之中，指导者前三者，与前三者共同属于形而下。

(5) 精神是文化的灵魂。它是前四者的融合与升华，引领着四者，又渗透于四者之中，属于形而上。文化最重要的是其精神，有什么样的精神，就有什么样的文化。

二、精神文化体系概述

观察目前的学校文化建设现状，精神文化概念繁多，诸如“价值观”“价值体系”“价值取向”“办学理念”“办学原则”等等，让人眼花缭乱，莫衷一是，对师生员工来讲，别说秉承贯彻了，就连弄清概念也是一件难上加难的事情，把实实在在的文化建设概念游戏。为了还原文化的本真，这里将学校精神文化体系划分为“训示类”和“风气类”进行陈述。

（一）训示类精神文化

1. 校训类

校训是学校的核心价值观，位居精神文化统领地位，回答的是学校“追求什么”的核心问题，发挥着文化认同、行为指引的作用。

校训体现着一所学校的个性，具有“座右铭”的作用，对于造就和培养学生有不可估量的重要作用。作为全校师生共同遵循的准则，校训是对学校的人文传统、治学精神、办学风格的高度概括，其表述比校风更凝练、抽象，内涵更丰富、深邃，能较好地体现学校的整体价值追求，反映学校的独特气质，展示学校的文化底蕴和治校风范。正如一个人要有精神去支撑事业，一所学校也要靠精神支撑方能成为名校，而校训正是学校精神的具体表达，是学校精神的核心和灵魂。

2. 班训类

班训是一个班集体价值追求和精神向往的凝练表达，是班集体的文化灵魂，是全班同学团结一致、奋发向上的精神源动力。作为奠基班级文化建设的一项工程，班训既有约束作用，也是一种善良的警示；既有激励作用，也是一种温和的规劝；既有教育作用，也是一种亲切的教诲。

班训与校训的关系是总与分的关系，班训应该是校训的衍生和具体化，而不应该是另起炉灶。

（二）风气类精神文化

1. 校风类

校风即学校的风气和风尚。常听人们说某某学校风气好，某某学校风气不好，这里的“风气”指的就是一所学校的校风，具体包含教风、学风、班风、考风和作风。它体现在学校各类人员的精神面貌上，具体表现为学生的学风、教师的教风、班级的班风、考场的考风、干部的作风。同时，它还存在于学校的各种事物和环境之中。良好的校风既是教育和管理的成果之一，又在教育和管理上具有特殊的作用，它有一股巨大的同化力、促进力和约束力，是一种精神力量和优良传统。

校风是无形的管理者，是一种来自集体内部的精神力量。校风一旦形成，便有一种稳定性和持久性，以它所特有的方式对人产生广泛而又深刻的影响，使人能从校风中受到陶冶和启迪，甚至终身受益。

良好的校风就是一种无声的命令，它一旦形成，作为一种稳定的组织气氛，就会对不符合校风要求的人产生一种无形的压力，并强制他们与之相适应。

校风一旦形成，就会成为一种强大的、内在的精神力量和激励因素，它能激发学校的青春活力，促使师生员工产生一种情绪高昂、奋发向上的力量。良好的校风还是一种特殊的"精神航标"，它能激发并引导师生员工为完成学校的目标而朝一个方向团结奋斗，勇往直前，并转化为他们的自觉行动，让他们主动去保护集体荣誉、维护集体利益、自觉加强道德修养，是师生员工们为集体做贡献的强大动力来源。

良好的校风能以大量微妙的方式沟通学校师生员工的思想，促使师生员工产生一种为实现学校目标而努力的使命感、自豪感和归属感。它把学校每一个成员的力量凝聚成一种合力，发挥出全部的效能。良好的校风能使得学校每一个成员有共同的价值观念，也增加了共同语言，因而能更好地沟通信息，交流感情，使师生员工协调地融合于集体之中，从而使学校行政管理的各种措施得以及时、准确地实现。

良好的校风能使学校师生员工对其所属的集体产生一种休戚相关、安危与共的情感。在集体中，自觉调整行为定向，增加个人的社会适应能力，提高学生的思想道德素质和身心素质。

良好的校风能促进学生"学会做人"。学校应该让学生"学会学习、学会生活、学会创造、学会做人"，在这其中"学会做人"是最关键的，起着决定性作用。

良好的校风不仅在本校起作用，净化、优化校园环境，而且在某种程度上为扩大学校的知名度起了一定的作用。

2. 教风类

教风是教师群体在教学精神、教学态度和教学方法等方面形成的稳定的工作状态和群体风气。它依不同学校的不同特点表现出独有的特色和丰富的内涵，并通过学校全体成员的意志与行动，逐步地形成和固化，成为一种传统和风格。这些传统和风格对学生的成长起着重大的作用，对学校的发展和建设产生深远的影响。

3．学风类

学风是学习者在求知目的、治学态度、认识方法上长期形成的、具有一定的稳定性和持续性的精神倾向、心理特征及其外在表现。学风有三种含义，一指学校的治学精神、治学态度、治学原则；二指学生在学习过程中所表现出来的精神风貌；第三种就是学生在生活中所表现出来的态度和行为。

学风，是读书之风，是治学之风，更是做人之风，是一所学校的灵魂和气质。学风影响着学校的教学质量，关系着学校的发展和学生的成长。

学风是学习者世界观与人生观的具体体现。学风主要指学生学习目的、学习态度、学习行为的综合表现。就其存在而言，学风弥漫于无形，却可观察与有形；就其作用而言，学风不仅影响到当前的教学效果，影响到人才培养目标的实现，而且对学生长远能否成才都具有重要的不可忽视的作用。

4．班风类

班风指班级稳定的，具有自身特色的集体风范，是一个班级中大多数学生在学习、思想等方面的共同倾向。它是经过长期、细致的教育和严格的训练，在全班逐步形成的一种行为风气。良好的班风将为班级学生的成长、发展提供一种有效的动力和压力；为学生的学习提供了一个不可或缺的优良环境；体现了一个班级的凝聚力，使班级里具有亲切、和睦和互助的关系，勤奋进取、文明礼貌的氛围，遵守班集体行为规范和维护班集体荣誉的精神状态。

5．考风类和作风类

(1) 考风即学校的考试风气。它是学校办学态度、管理水平、学生素质的客观反映，也是学校对社会、对家长、对学生的责任担当。

(2) 作风指一个人或者一个单位在思想、工作和生活等方面表现出来的比较稳定的态度或行为风格。

三、学校精神的要求

(1) 学校精神要真实反映学校的现实发展水平，准确体现学校的基本个性。既不能好高骛远，更不能照抄照搬。

(2) 学校精神必须是学校内部的主导意识，并且能够为全部或大部分师生员工所认同。学校不能为了装潢门面而建设学校精神，形成说一套做一套的虚假文化；也不能由校长一个人或者班子及个人确定学校精神。正确的做法是：校长结合学校实际，围绕发展目标，提出思想框架，班子拿出方案，广泛、认真征求师生员工意见；对不同意见尤其要认真对待，尽可能考虑其合理因素，对精神体系进行完善；在此基础上再次征求意见，达到成型、定稿程度，可以进入“试运行”阶段；待到职代会召开时，作为议程提交职代会表决；若能通过，即可正式颁布施行；若需修改，待修改完善后施行。这样做，既有群众基础，也是依法治校的行动体现。

(3) 学校精神要保持稳中求变，能够适应形势与任务的变化适时做出适当调整，以体现与时俱进的时代意识。但是，这种“变”一定要慎重，切不能全盘否定，而是一种修改、修正，以体现学校核心文化的相对稳定性和恒久发展性。

(4) 注重务实与求是。学校精神建设的核心目的是为了高举旗帜，凝聚人心，激发斗志，创造业绩，所以必须要务实、求是。要结合学校的发展水平、队伍状况、生源结构、上升空间准确定位。

(5) 能够对师生员工发挥有力的教育引导和激励鼓舞作用。学校精神建设要着眼于发展，这里的发展一定是教师发展、学生发展和学校发展的统一，让学校里的每个人听到目标，看到希望，找到方向，得到方法，由此发挥有力的教育引导和激励鼓舞作用。

四、学校精神的表达

(1) 学校精神的统领、激励对象是师生员工——重点是学生群体，这是由学校“立德树人”的根本任务决定的。因此，选择表达方式，不能只着眼于“教职员工”，而应该是“师生员工”，尤其重点考虑学生群体能否理解、能否接受、能否口诵心记、能否付诸行动、能否改变行为。

(2) 学校核心精神一般以校训的形式出现。在学校精神体系中，校训是核心、是灵魂、是旗帜。对校训的提炼是重中之重、难中之难，务必深思熟虑，经得起时间、实践的考验。

(3) 价值观的表达要简明、精要、个性、顺口，简单易懂、激励人心。关注身边的校训，多数是四个双音节词，八个汉字，表达雷同，长相相同，缺少个性，极易混淆。别说让师生员工积极贯彻执行了，就连校长自己也不一定记得准确，主要原因就在于缺乏个性。

(4) 价值观的提炼应坚持“守正创新”原则。守正是坚持合理部分，保持文化的稳定与传承；创新是修正、扬弃不合时宜部分，保持文化的活力与进取，直至成熟与定型。积淀、积累、传承、创新是文化发展的基本规律；学校是总体稳定的，而校长可以有轮换，这也是基本事实；一个校长对一所学校真正的贡献是文化的贡献，既不轻率否定前任，也不完全因循前任，而是坚持“守正创新，与时俱进”，留下自己经得起考验的文化脚印。

五、学校精神的传播

传播学校精神的主要途径包括：首先，精心设计学校形象；然后借助校歌、校旗、校刊、校服、校园网、校园广播、校园电视台、校园环境等形式加以形象渗透，并在教育教学活动中渗透、强化、固化。

（一）学校形象定义

形象指人或集体的内在气质与外表形貌给他人的总体印象；学校形象是指相关公众对学校的总体印象，它是学校整体素质与文明程度的综合表现，也是学校文化最直接的外在表现方式。

（二）学校形象要素分类

学校形象要素分类有以下两种方法：

(1) 从学校自身分析有校风和校容两个方面。校风包括教风、学风、考风、班风和工作作风；校容包括学校选址、校园内的分区安排、建筑物主体颜色、学校基本色系、绿化环保、装饰布置风格、卫生整洁程度等。

(2) 从学校外部评价角度分析有知名度和美誉度两个方面。知名度指一所学校为公众所知晓、了解的程度，是评价学校名气大小的客观尺度；美誉度指一所学校获得公众信任、赞誉的程度，是评价学校社会影响程度的客观尺度。

（三）学校形象塑造方法

1．提升综合办学质量

办学质量包括管理质量、教育教学质量、服务保障质量，其落脚点是学生综合素质。

2．设计学校形象

设计学校理念形象，培育特有的精神文化；设计学校制度形象，培育特有的制度文化；设计学校行为形象，培育特有的行为文化；设计学校动产物质形象，培育学校物质文化；设计学校不动产物质形象，映现学校物质文化。

3．注重学校宣传

塑造学校形象可以通过文化呈现、制度贯彻以及媒体宣传等方法；展示学校形象可以同通过师生员工行为、物质载体以及与社会、家庭的沟通。

（四）学校色系

学校色系应当能展示校园的特点。以宁夏财经职业技术学院为例，该校院地处银川平原，位于贺兰山下，天蓝云白，绿树成荫，建筑物外墙均为赭石色颜色，“蓝天白云下，红楼荫绿树”，其文化色系正是基于这一客观存在。

蓝色：清爽、纯净、安详、广阔，透射出沉稳、理智、大气的意象。

绿色：宽容大度，生机勃勃，美丽优雅，几乎能容纳所有的颜色；象征着生命的顽强与旺盛。

白色：纯洁、简单，寓意公正、纯洁、端庄、正直。

赭石色：与土地的色彩相似，让人感到踏实。

（五）校徽与校训

校徽外形通行的形状是圆形，通过里面的色彩、文字、图案、数字展示校院的特点及历史。

校训应当由历史底蕴，同时具有学校的特点，又能激励师生共同奋斗，帮助校园建设。

第二节　高职院校制度文化建设路径

一、制度文化理论

（一）制度文化相关概念界定

1．制度界定

制度是国家机关、社会团体、企事业单位等，为了维护正常的工作、学习、生活秩序，保证国家各项政策的顺利执行和各项工作的正常开展，依照法律、法令、政策而制定的具有法规性或指导性与约束力的规定，是各种行政法规、规章的总称。

2．制度文化界定

制度文化即由制度所承载、表达、衍生和推动的文化，它是渗透在体系架构、规章制度、工作流程、岗位职责中的价值观念和风格特色，也是在生成和执行各类制度的过程中折射出来的价值取向和行为准则。

3．学校制度文化界定

学校制度文化，即由学校制度所承载、表达、衍生和推动的文化，它是一所学校渗透在体系架构、规章制度、工作流程、岗位职责中的价值观念和风格特色，也是在生成和执行各类制度的过程中折射出来的价值取向和行为准则。

学校制度文化是学校文化的重要组成部分。管理实践告诉人们：管理者总是在一定的价值观的指导下去完善和改进学校的各项规章制度的。制度文化是精神文化的产物，它必须适应精神文化的需要；同时，精神文化必须得到制度文化的支撑才有可能实现。两者的价值取向必须一致，即“鼓励人自主思考”。

（二）制度文化特点

学校制度文化从不同角度进行分析有不同的类别：从层级角度分析，有国家颁布的相关制度，地方政府及主管部门制定的相关制度，学校自定的相关制度；从内容角度分析，有人事分配制度，教育教学管理制度，会议制度，思想政治工作制度，安全管理制度，财务资产制度，服务保障制度，其他适应学校发展的制度。

学校制度作为师生员工行为规范的模式，应当具有以下特点：首先，必须保证育人方向的正确，教育教学秩序的正常运转；其次，能够保证个人活动的合理开展，维护师生员工的共同利益；最后，在人文和谐的组织中，制度更应该发挥的作用是激发人的热情，开发人的潜能。

学校制度建设中需要赋予精神文化的色彩，尤其应该注意在条文中突出学校发展目标、价值观念、作风态度、素质要求等精神文化方面的条款，赋予制度以灵性，让制度的影响深入到师生员工的心理层面并发挥作用。

（三）制度文化发展过程

1．准制度文化

萌发期：始于学校成立之初，需要靠一定的规章制度引导各项工作步入正轨。这个时期制度内容比较简单，以模仿成分居多，管理者的主观意志起着决定性的作用。

成长期：学校各项工作有章可循，制度内容在逐步总结实践经验、倾听师生员工意见的基础上改进完善，探索建立适应自身发展的制度模式，但是真正具有本校特色和风格的制度文化尚未形成，管理者仍然处于前台位置。

2．制度文化

此时的制度文化进入了成熟期：在建立了基本的制度保障机制的基础上，学校挖掘自身的习惯礼俗，在已有的制度中渗透本校的文化因子，充分展示学校观念、心理、行为特色，最终形成真正的制度文化。此时，管理者的主观影响退居次位，长期积淀下的文化定势将牵引学校的发展。

3．后制度文化

这个阶段的制度文化进入了发扬期：学校制度文化之树虽已长成，但是它仍然需要全体成员的共同浇灌，培植，使其不断吸收新鲜养分，形成开放型的制度文化体系。

二、组织文化理论

组织是一种以人为中心的管理方式，强调把组织建设成为一种人人具有使命感和责任心的集体。组织文化是组织成员共有的价值观和行为方式，其核心是一种共同的价值观、共有的信仰，是指导组织和组织成员的行为的哲学。组织文化是制度文化的重要组成部分。

（一）特征

组织文化主要有以下几个特点。

1．创新与进取

创新与进取的主要标志是组织在多大程度上鼓励成员积极创新、敢于适度冒险，管理者能否勇于承担责任，是否具有荣誉归属于教职员工、责任自己承担的勇气和度量。

2．细节导向

细节导向的主要标志是组织在多大程度上期望成员做事缜密、善于分析、注意小节，是否具有相应的制度保证成员能够放手这样去做。

3．过程保证结果

过程保证结果主要标志是组织中的管理人员是否具有以过程控制和条件服务保证结果水到渠成的意识和能力。

4．关注情感

关注情感管理者必须清醒：一个决策的结果会对组织成员中的哪些人产生影响，影响程度会有多大，有哪些补救的方法等，从而有针对性地做好思想引导与人文关怀工作，尽可能降低决策出台的负面效应。

5．团队定向

团队定向主要在于组织在多大程度上是以团队而不是以个人工作来组织活动的。在今天的治理环境中，就是民主决策、集体领导、全员责任、团队荣誉。

6．进取心

进取心主要在于组织成员的进取心和责任感如何。在好的组织文化环境中，组织成员责任明确，分工合作，充分沟通，友善提醒，个人成长，组织成功。

7．稳定性

稳定性主要在于组织能够有效完成任务的时间和效果。设计建立一个组织，其原因是任务需要，其目的是承担工作，完成任务，组织稳定发展，成员健康成长，这些就是组织文化良好的具体表现。

（二）基本趋势

学校组织设计的基本趋势包括以下五点。

1．组织结构扁平化

这是一种以“基层为主”的扁平化组织结构，组织成员的人际关系是开放的、合作式的和平等的。组织层级尽可能减少，特别是在信息化快速发展的今天尤其要借助信息手段，使组织在扁平状态下运转。

2．小机关，大基层

这种结构旨在加强基层，管理重心下移，机构设置减少管理层级，缩短信息传递通道。充分调动广大教职员工参与学校管理的积极性和创造性，通过管理创新，落实“以人为本”。

3．体现灵活性，不搞一刀切

各个学校的规模不同，重点有别，组织设计要突出体现提高效率、降低成本、减少摩擦的务实思想。

4．分工合作

在一个健康的教育组织内部，无论是机关部门、教辅机构、基层单位，分工是为了相对明确任务，合作是为了绝对实现目标，如果不清楚这个关系，组织设计就失去了存在的基础。

5．权力制衡

分工、合作、制衡是一个组织稳定、健康的基本条件，尤其是在新常态下，有权就有责，有责必担当，失责必追究。权力制衡的组织设计，是对组织、个人和事业负责的具体化。

（四）新时代学校组织设计方向

改革开放以来，在适应、服务经济社会发展的历史进程中，我国的教育体制也在逐步走向成熟。各级各类学校在进行自己的组织设计或者改进时，均应考虑以下基本趋势：

(1) 建设学习型组织：全员学习；全过程学习；团体学习。

(2) 建设创新性组织：由个人到团队——选择条块创新；由单向到集成——选择整合创新；由粗放到精细——选择内涵创新；由校园到社区——选择外延创新；引领创新发展——学习与创新“立人”，学习与创新“立业”，学习与创新“立校”。

(3) 建设人文性组织：尽可能让组织中的每个成员积极、主动、愉快、创造性地工作、学习与生活，而不是相反。

三、制度文化建设思想路径

（一）广集意见，博取样板

制度文化承载的是学校精神，保证学校方向不偏，文脉不断。在学校里，任何一项制度的建设都有其现实需要，要针对问题建立制度、利用制度规范行为训练培育文化，一定要广泛征求意见，只要条件许可，就多取几个样本，多个可供选择的方案。

（二）集体构思，形成体系

对新学校来讲，这个思路非常重要，这就好比计划远行，动身前先要明确往哪走？怎么走？遇到困难怎么办？新学校的制度文化建设是如此，老学校也是一样。信息化时代，学校位次重新洗牌是现实问题。一所学校，要想持续、稳定发展，制度文化建设就是重要的基础工作。因此必须要集体构思，形成体系，区分先后，逐步完善。

（三）研究旧制，选准方向

制度文化建设是在原有基础上的发展，而不是割断文脉，建立健全是制度文化建设的突出特点；一所健康发展的学校，一个成熟的校长，面对新情况，应当积极对原有制度进行研究、分析、修正、补充、完善，提高投入产出比。

(四) 分工负责，集中审阅

制度文化建设和常规工作一样，谁主管谁负责，谁上岗谁负责，把制度文化建设的过程当作提升个体素质、加深责任意识、增加文化认同的过程；在此基础上，班子成员和相关部门集中审阅、集体把关，让制度尽可能减少纰漏。

(五) 严格程序、合规合法

这里要强调的是，为了适应法制化社会生存，学校作为一级法人组织，拥有制定发布规章制度的权力，但制度的诞生必须合乎程序，待到行政程序走完之后，务必提交职代会表决通过，并形成完整的材料，留下清晰的痕迹，以防万一诉诸公堂时，不至于被动。

(六) 实践检验，动态更新

制度建设落后于管理现实是人们面临的基本现状，任何一项制度出台都不可能完美无缺。当经过实践检验发现制度不足乃至缺陷时，应当及时修订完善，这是永恒的管理现象，也是制度文化建设的活力所在。

(七) 学校制度文化建设中应注意的问题

(1) 是否有利于“以人为本”。学校的本质是育人，学校的制度文化建设必须把“以人为本”视为灵魂。制度应当有利于关心人的存在、尊重人的尊严、适应人的需要、开发人的潜能、培育人的品位、提升人的价值。

(2) 是否有利于“质量提升”。质量是学校的生命，是否有利于确保“质量提升”是衡量制度先进与落后的基本标准，凡有利于这一原则的就坚持，偏离这一原则的就修正，背离这一原则的就废止。

(3) 是否有利于“刚柔相济”。制度应该是柔性与刚性的组合体，刚柔相济、赏罚严明，人情味与原则性互相补充的制度才是好制度。

第三节 高职院校环境文化建设路径

学校环境文化即学校硬件设施环境所包含的文化形态，是学校文化的外在体现，是学校显性的形象工程。它承载着对内文化师生员工，对外树立学校形象的重要责任。

文化建设是一项事关全局、覆盖全面的系统工程，对学校发展关系重大，影响深远，必须严肃认真，科学规范，求实创新，与时俱进。制定方案时必须系统思考，整体规划，分步实施，持续改进。立足教育教学，服务教育教学，引领教育教学既是文化建设的起点，也是文化建设的终点。

一、环境文化建设原则

校园应当是以人为本、功能完善、生态和谐，既体现传统文明又充满时代感的现代化、信息化、园林化的校园，应当实现“四个主题与四个融合”的融会贯通。其中，四个主题指的是：师法自然、再现山水、人性尺度、人性空间、时代特色、文脉延续、整体规划、滚动发展。四个融合指的是：民族性与现代性的融合，功能性和文化性的融合，现代性和文化性的融合，人工性和生态性的融合。

校园应当由中心、轴线、主题区、功能区和出入口五大结构要素构成。布于校园内的交通路线既是联系各功能区域的脉络又是分区各不同功能区的界限；交通空间应当结合景观设计，步移景异，形成变化丰富、节奏鲜明的空间序列；主要功能区实现人车分流，结合景观设计规划完整的步行系统。

车行道应当分布在外围，形成环路，避免对步行交通的干扰，同时根据消防要求在步行区内设置紧急消防通道。

校园的步行道设置应当自成系统，与自然环境融为一体，串联起不同的景观节点，成为师生读书、休憩、交流的重要场所。生活区内的步行街道和商业服务设施相结合，提高了步行道的公共空间使用频率。

绿化景观的基本思路应当是创造人工与自然和谐的绿色生态校园，可以在中央建造水池和林中园景。对不同功能区内部的建筑环境做个性化设计，让步行空间联系公共、半公共等不同性质的绿化空间，将交通的可达性和绿化的均好性同时体现出来。

生态技术体系的基本构思思路以下：

(1) 大学是能源消耗大户，也是建设生态文明的重点，为了建设节约型生态校园，应当坚持将能源节约贯穿于办学全过程，通过采用新技术，提高资源利用率，实现效益最大化；

(2) 通过对师生员工持续不断的低碳环保教育和管理，把学院建成为一个集人才培养、资源节约、环境友好、生态良性循环为一体的模范校区。

二、实训室文化建设

实训室文化是高职学院文化在实训、实习环节的顺序延伸和自然外显，是激发受训者激情、感召施教者和受训者心灵的有效载体。实训室文化建设是高职院校文化建设的重要组成部分，良好的实训文化氛围，可以激发学生学好专业、钻研技术的信心和决心，使学生的思想品德、工作作风在实训过程中得到熏陶感染，对学生职业道德、职业素养的形成产生潜移默化的作用。

(1) 实训室文化建设原则。实训室环境文化建设应该体现育人理念、服务理念、严谨理念和体验快乐理念等。校企合作共建，校企文化共融，把企业文化进校园，专业文化进教材，职业文化进头脑的“三进”原则落到实处。让学生在实习实训环境中感悟“劳动崇高、技能宝贵”的价值。

(2) 实训室物性塑造。主要体现在设备如何布局、技术能力标注和设备来源渠道标识等方面，它的作用是保障施教者和受训者协调配合完成工作任务，是展现设备作用的方式，即让设备说话。

(3) 实训室视觉文化。包括实训室色调、名称、功能展示、知识引导、实训室氛围营造等，目的是激发参训人员的热情，促进学生求知、求实。

(4) 实训室运行模式。包含实训室和实训基地的运行模式、经营策略、管理制度、管理方法和实训教学策略等。

三、网络文化建设

(一) 概念

广义的网络文化是指网络时代的人类文化，它是人类传统文化、传统道德的延伸和多样化的展现；狭义的网络文化是指建立在计算机技术和信息网络技术以及网络经济基础上的精神创造活动及其成果，是人们在互联网这个特殊世界中进行工作、学习、交往、沟通、休闲、娱乐等所形成的活动方式及其所反映的价值观念和社会心态等方面的总称，包含人的心理状态、思维方式、知识结构、道德修养、价值观念、审美情趣和行为方式等方面。

(二) 作用

网络由最初的走近生活到如今融于生活，正以其独特而神奇的力量向人们展示着时代的进步和社会的发展。网络在校园的全面普及，带来了师生员工在学习、生活、价值观念等方面的深刻变化，也带来了网络文化与传统文化的强烈碰撞，形成了新型文化——高校校园网络文化。网络在信息交流、人际交往、视野拓展等方面显现出越来越重要的作用；但同时一些负面影响也无可避免地在其中萌生出来，如信息泛滥、网络色情、网瘾、黑客行为乃至网络犯罪等对高职学生产生了极大的危害。面对不断出现的新问题，必须在提高认识、转变观念的基础上，从思想、队伍、软件、硬件、学科等方面入手，以多种形式推进校园网络文化建设。

(三) 建设

(1) 提高一个认识：即对校园网络文化建设重要性的认识。

(2) 强化“两个管理”：即对校园网络文化进行依法管理和行政管理。

(3) 引导“两个自律”：即在校园网络化建设进程中引导教职员工的管理自律和学生的运用自律。

(4) 加强“五个建设”：即校园网络文化的硬件建设、软件建设、网站建设、队伍建设和网络学科建设。网络文化重在建设，只有科学地、合理地、积极地做好建设工作，才能够在学院发展过程中弘扬校园主流文化、高效沟通信息、迅速获取资源、提高工作效率与办学效益。

四、系部文化建设

系部是高职院校实际履行人才培养、管理服务、科研研究和实习实践等职能的基层组织，是师生学习、工作、生活的直接场所，是体现学院内涵、实现学院目标、反映学院本质的基本单位，因此，校园文化建设必须以系部文化建设为基本载体。

只有系部文化建设切实有效，校园文化建设才能落地生根，文化育人的目标才有可能实现；反之，如果没有系部的积极参与，文化育人的设想只能是一厢情愿。

(一) 概念

系部文化是学院文化的亚文化，是系部在长期教学管理实践过程中培育、发展而来的一种独特的文化形态，它以本系部师生为主体，以专业为基础，具有被系部师生普遍接受、认同并遵循的基本行为准则、思维方式、学术精神和价值观念，以及系部在建设发展中形成的物质、人文环境及其教育教学、管理制度，系部文化凝聚在教学活动、学生工作及各种事务管理当中，通过全体师生的精神面貌、思维方式和行为模式表现出来。

(二) 建设要求

(1) 从文化生态学的角度看，一所学校的文化生态在统一协调之下，其生态群落内部应在共性之中体现相应差异，在差异之中体现互补和共生。只有这样的文化才可能是饱满的、丰富的和有活力的。这既是文化生态群落生长与发展的要求，也是个体成长的要求，更是系部文化建设的意义所在。

(2) 系部文化建设的基本要求是保证对学院办学思想的执行力，因此，系部文化建设必须在学院文化的大系统中进行，既体现共性又要凸显个性。一要执行学院的总体文化规划，二要凸显学科和专业特色，三要培育自己的风格，四要建立有效运行机制。

(三) 建设目标

(1) 培养作风。

(2) 优化教风。

(3) 浓郁学风。

(4) 文化育人。

(5) 质量见证。

(四) 机制

(1) 文化为魂，以人为本。

(2) 科学谋划，务求实效。

(3) 党政齐心，分工协作。

(4) 强化管理，守正创新。

五、办公室文化建设

办公室文化是学校文化的重要部分，它的建设对于实现学校文化建设目标意义重大。办公室是教职员工履行岗位职责的基本场所，办公室文化品质的优劣，直接关系到学校人际关系和谐、幸福指数提升、凝聚力增强、工作效率提高、管理目标的实现。

(一) 教师办公室文化建设方法

教师办公室是教师日常工作的场所，也是工作沟通的环境，还是同志们进修学习的基本园地。推进教师办公室文化建设，丰富办公室文化内涵，创建温馨和谐的办公室环境，既有利于展现学院风采，提升办学品位，同时也对促进教师发展，形成积极向上的团队精神，对构建和谐校园有着独特的意义。教师办公室文化建设应以“高雅、美观、整洁、实用”为标准，体现“温馨、和谐、学习”的原则，重在营造富有特色的文化氛围，突出以下要点：

(1) 室内清洁卫生，物品摆放有序，地面、墙面干净无杂物，桌面无灰尘，垃圾及时清倒，空气清新无异味；窗台洁净，门窗光亮，窗帘干净，坏损物品及时修理；洁具及时清洗，保持外观清洁，拖把、扫帚整齐放置于固定位置；室内吊扇、灯管、电脑等电器定期清洁，保持干净，饮水机水槽清洁；办公室人员卫生习惯良好，室内清洁卫生有效保持。需要换用的鞋子等私人物品放置在他人看不到的位置。

(2) 布置合理规范，彰显文化品位，体现专业特点。环境布置新颖，个性鲜明，有创意；课程表、作息时间表和室内公示栏等要统一规范张贴；在适当的位置张贴教育名言或警语，统一布局，大方美观；必要装饰物品要体现教育特色。岗位职责、安全职责、廉洁职责等是必备文化元素。

(3) 适当绿化美化，气氛清新活泼。利用室内墙壁、办公桌面等空间适当做一些艺术布置，以显高雅格调；选择合适位置，适当放置一些精致花卉；利用室内空间合理种养盆栽花卉；美化和绿化布置要体现所在办公室的业务特征和教师的专业个性。

(4) 成员团结和谐，精神风貌良好。办公室环境文化建设的价值追求就是形成团结、和谐、文明、向上的文化氛围；办公室成员自觉遵守办公纪律，不高声谈笑，不制造谣言；接打手机主动到室外；着装端庄，佩带得体，使用普通话；工作时间不玩电脑游戏，杜绝吸烟。

(5) 突出个性文化。在办公室文化建设过程中要体现“硬件标准化，软件个性化”的思路，避免“百室一面”。

(二) 员工办公室文化建设方法

员工办公室指职员和工友的办公场所，职员和工友办公室承担着完成管理任务和服务师生的主要职能，建设员工办公室环境文化，有助于提升人员素质、完成工作任务、提供服务质量、和谐公事环境。只要学生、家长和来宾接触到了谁，谁就代表了学院的水平和形象，所以，无论谁，只要在校园上班，就要承担育人责任。这里所说的工友，包括经合同聘用为学院提供物业、安保、公寓服务的非在职人员。办公室环境文化建设范围很宽，但以下几点必须抓住。

(1) 培育学习文化。在学校工作，学习必须成为每位成员的基本状态，职员和工友也不例外。通过学习准确理解学院精神，提升自身素质；重视知识的共享和创新，重视成员的精神激励，重视发挥知识团队的整合效应，优质高效地完成本职工作。

(2) 培育责任文化。责任出智慧、出勇气、出力量，责任是成就事业的内在动力。职员和工友办公室处于学校承上启下的位置，强化责任意识，敢于积极主动承担负责，这对实现管理目标尤为重要。

(3) 培育和谐文化。和谐校园是一种以和衷共济、内和外顺、协调发展为核心的素质教育模式，是以校园为纽带，各种教育要素全面、自由、协调、整体优化的育人氛围，是学院教育与社会教育、家庭教育和谐发展的教育合力，是以学生发展、教师发展、学院发展为宗旨的整体效应。团结和谐是一个办公室做好工作、多出成绩的基础。办公室和谐主要看两个层面，一个是班子的和谐，一个是整体队伍的团结。

(4) 创建文明办公室。文化的最高表现就是文明，实践表明创建文明单位、文明办公室是推进文化建设的有效载体，应坚持不懈。

六、班级文化建设

班级是学校实施教育的基本组织单元，班级文化是学校文化的亚文化，是在社会主流文化、学校文化、教师文化的影响下，由班集体全体成员自己创造出来的独特的班级生活方式和价值取向。如果把班级比作容器的话，那么学生就像水，在不同的容器里，会被塑造成不同的模样。把班级还给学生，让班级充满成长的气息，构建富有个性的班级文化是实现教育目标的重要举措。班级文化的建设可从以下三方面入手。

（一）物质文化

物质文化是班级文化建设的“硬件”与基础，它主要包括教室的设计、布置以及班级的教育设施配套等，具体到两方面的工作：一是班级环境卫生，要窗明几净，空气清新；地上没有纸屑，墙面没有污渍，屋顶没有灰尘。二是让教室的墙壁“说话”——利用室内四周的墙壁营造出充满美感的浓厚文化氛围。需要强调的是，班级物质文化建设不是随性的张贴和涂抹，保护好红墙白壁同样是文化建设成果的体现。因此，班级物质文化建设，应坚持“硬件规范化，软件个性化”的原则，文化设施框架要稳固，内容可更换，节约资源，降低成本，培养节约与安保意识是更有价值的行为文化。班级是学生的第二个“家”，良好的班级环境建设会对学生产生润物细无声的浸润和熏陶的教育功能，应认真对待。

（二）制度文化

以学校的规章制度、班级的公约等为内容的制度文化是班级文化建设的关键，直接关系到班级能否做到规章合理、纪律严明、管理科学，因此应该做到班级制度公开化和班级管理民主化。利用制度文化建设过程培养学生的法治思维和规则意识是必须重视的任务。

（三）精神文化

精神文化是班级全体成员的群体意识、舆论风气、价值取向、审美观念等精神风貌的反映，是班级文化建设的核心。良好的班级文化使人身居其中，处处感到集体的温暖，同学之间团结友爱、互相鼓励、互相关怀，积极进取，比学赶超；师生之间民主平等、爱生尊师，互相欣赏，互相包容。这种氛围使人心情舒畅，精神振奋，奋发向上。这种凝聚力一旦形成，会产生强烈的吸引力，把师生团结起来，共同为班级的发展而努力。

这里需要特别强调：班训是班级精神文化的核心，班训的拟定，一定是对校训在本班践行的具体化，而不是离开校训随意编口号。

七、公寓文化建设

学生公寓文化是随着学校文化建设而逐步发展起来的一种新的文化，特指以公寓内学生和员工为主体的成员共同的价值追求和生活方式，包括公寓区或房间内的整体布局、卫生状态、人际关系、道德水准、审美情趣、行为方式、语言风格、生活习俗等方面，是一个具有多元素、多层次的有机复合体。从其结构来看，分为物质文化、制度文化、行为文化、精神文化等方面。

公寓文化的健康发展，对学生的成长影响深远。明净的楼舍、丰富的活动、多彩的生活、柔和的色彩、良好的秩序必将会产生极大的吸引力和凝聚力，激励学生奋发向上、积极进取、勤奋学习。好的公寓文化不仅可起到教育的作用，而且能净化人的心灵，约束、规范人的行为。“点滴积累、长期建设、潜移默化、久远受益”是公寓文化建设的基本规律。

(1) 健全制度。应当根据实效性与针对性原则，制定《学生宿舍评价标准》，完善《公寓管理员评价标准》，设计《公寓设施破损情况登记表》，制定出《公寓管理员值班时间表》，坚持每周召开一次学生舍长会议，学校主管领导参加会议，协调解决具体问题。

(2) 建设服务。积极倡导温馨服务，公寓管理人员对待学生语气要平和，服务要到位，意见反馈要及时，问题整改要得力。设置温馨提示板，让住校生和家长理解和体谅公寓管理的难处；设置留言板，促进公寓管理员与住校生的沟通，将服务落实到每一个环节。

(3) 落实安全。突出落实安全物态文化，从照明灯具到供电线路，从水暖设施到供水管线，从撤离标示到应急路线，必须完整、有效、可操作；建立健全安全制度文化，从规章制度到撤离预案，人人应知，人人应会，提高安全意识、训练安全技能，营造安全、和谐的公寓文化。

(4) 倡导读书。住校生和非住校生的明显优势在时间上，但就非住校生每天花在路上的时间计算，住校生每天至少多出一小时，三年下来的累积量等于多了一个学期，可以利用此优势让住校生积极读书，改善公寓文化。

八、宿舍文化建设

宿舍文化是指依附于宿舍这个载体来反映和传播的各种文化现象的总和。它以宿舍成员共同的价值观为核心，由涉及宿舍生活的各方面的价值准则、群体意识、行为规范、公共行为和学习生活习惯所组成，是由宿舍成员共同建立的，可以产生潜移默化的氛围和影响力。“宿舍文化”以学生为主体，以宿舍为主要活动空间，以课余活动为主要内容，通过建设宿舍文化，营造出一种具有时代气息的新生活，使宿舍成为学生美化生活、优化环境、独立人格、健康身心的成长与成才的摇篮。

宿舍文化的建设思路，应该与公寓文化保持一致，坚持“六无”“六有”“十条线”的内部管理标准：

六无：床上无杂物，屋顶无尘迹，地面无垃圾，卫生无死角，物品无污垢，寝室无异味。

六有：有管理者，有寝室公约，有逃生指示牌，有整容镜，有体现寝室个性的理念文化，有室内文化信息专栏。

十条线：寝室内物品摆放做到床单一条线，被子一条线，枕头一条线，水瓶一条线，牙具一条线，脸盆一条线，毛巾一条线，箱包一条线，鞋子一条线，书籍资料一条线。

健康向上的宿舍文化对学生成长成才有着举足轻重的重大作用，伴随着同学之间思想、性格、追求的不断融合，宿舍与宿舍之间形成各具特色的文化氛围，这种潜在的精神状态和极富凝聚力的环境，对学生成长的作用是其他文化不能代替的。

九、课程文化建设

课指课业，就是常说的教学内容；程有程度、程序、进程的意思。因而，从字面意义上说，课程就是课业的进程。从内涵和外延的角度分析，课程包括广义和狭义两个方面的含义。广义的课程是指按一定的培养目标，在学校安排和教师指导下让学生身心得到发展的一切活动。其中包括有目的、有计划的学科设置、教学活动、教学进程、课外活动以及学校环境的综合影响。狭义的课程是指各级各类学校为了实现培养目标而开设的所有学科(或科目)的总和，主要体现于课程计划、课程标准和课程资源之中。

（一）概念

由于课程和文化概念本身的复杂性和不确定性，要对课程文化做出较为精确的表述、限定和解释是比较困难的，但可以从两个角度来认识课程文化，即作为方法论意义的课程文化和作为对象化的课程文化。从方法论的角度来说，课程文化就是课程对文化的选择。作为对象化的课程文化就是视其为一种具有实体内容的对象化存在，即“课程是一种文化现象”。作为现代学校文化的重要内容，学校教育活动的生存方式，课程文化指按照一定社会发展对下一代获得社会生存能力的要求，对人类文化的选择、整理和提炼而形成的一种课程观念和课程活动形态。课程是为学生终生发展奠基的工程。

现代社会，科学与人文相结合的课程文化观的确立，从根本上影响一个国家课程改革与发展的基本思路。

（二）建设原则

1．体现学校课程的价值取向

实践证明，落实素质教育，课程是载体，课堂是阵地，教师是关键。将“为学生的终身发展奠基”的理念融入课程建设全过程，建设着眼于学生终生发展，规划长远、安排眼下，除了让学生具有扎实的文化科学知识基础之外，还要有良好的人格品质、良好的合作意识、健康的身体心理素质、必备的组织协调能力、基本的人文素养，以此承载学校课程价值。

2．促进学生素质发展的课程结构

将综合实践活动、社区服务、地方课程、校本课程、实验实训、实习实践整合为素质发展课程，利用必修、选修、活动三个课程系列，形成一个结构清晰、内容丰富的学校课程结构。

3．学校课程文化建设融入立德树人教育

学校以课程建设为载体，将立德树人与课程建设相融合，寓德育于课程实施过程中，将德育实践、生活教育、主题班会等资源融合到课程文化建设之中，把课程教学与学生生活实践相结合，促进德、智、体、美互相渗透，协调发展。通过国家课程校本化实施和学校课程多元化建设，将学校教育教学工作统一起来，实现学生生活自理、行为自律、学习自觉、人格自尊、成长自强的特点。

4．优化学校课程的师资骨干

学校应当以培养造就一批具有先进教育理念、良好职业道德和坚实业务基础的高素质授课教师团队为目标，落实全员培训机制，完善教师岗位成长机制和专业发展激励机制。

5．建立学校课程动态评价制度

设立学分制，将学分制与成长记录相结合，通过发展性评价与考察性评价相结合，为每个学生建立综合、动态的成长档案，全面实行学生综合素质评价制度，网络自评、小组互评、教师总评，发挥评价的诊断功能，激励学生自我完善。

十、课堂文化建设

（一）概念

人总是文化人，人的世界在某种意义上就是文化的世界。课堂教学是以课程为载体，师生与环境共同结成的文化图景，在长期的教学互动过程中会形成师生普遍认同的课堂生活方式，这种生活方式以潜移默化、细腻微妙的方式影响着师生教与学活动的思想观念和思维方式，维系着独具特色的教学实践，这种课堂生活方式便是课堂文化。课堂文化包括师生解释新事物和参与教学活动的价值取向以及课堂行为的方式。

（二）建设原则

第一，课堂文化是教师、学生、文化、环境四要素在相互影响、相互作用的过程中形成的一种特殊文化形态，是一个开放的生态系统，具有时代性。新的课堂文化的生成过程是各种文化形态发生碰撞、融合、吸收、变异的过程，是旧的文化形态吸收新的文化形态后获得新生的过程。

第二，以“学生的生命可持续发展”为教学价值取向。教学价值取向对教学内容的选择、课堂与教学评价有直接的导向和制约作用。教学价值取向不同，教学过程的设计和运作也不同，而教学过程的设计和运作直接关系到学生形成怎样的素质，要合理地构建学生的素质结构体系，把学生的生命可持续发展作为价值的取向，培育独具特色的课堂文化。

第三，追求多样并存的教学活动样态。“样态”是一个哲理概念，可以理解为实体的暂时状态和个别表现。教学活动样态就是指教学活动的表现和状态。认真思考和研究人们创造价值的活动，就能发现不同的价值需要不同的创造，不同的创造产生不同的价值。同理，不同教学价值取向需要特定属性、状态的教学活动与之适应。学生生命的可持续发展建立在知识、能力、品格等方面的和谐发展上，而每一种教学价值的形成都有各自的规定性，需要特殊的教学样态与之相适应。

第四，形成“差异平等”的教学人际关系。文化是一种基于课堂情景而生成的师生、生生关系文化。教师和学生特有的感情、态度、观念、行为是在师生的关系、生生的关系中不断生成的。教育者要站在时代的高度，运用生态哲学对教学规律和特征进行更为深刻的描述整合、涵盖旧的合理成分，催生新的课堂文化的生成。

第四节　高职院校行为文化建设路径

一、概念

学校行为文化是指学校在创造物质文化和精神文化的实践过程中体现出来的文化行为，包括管理机制的建设、办学规范、师生行为规范、课程实施与建设、资源开发与整合、教育教学、教育科研、校园生活的运行等。行为文化涵盖了学校工作的方方面面，学校的各种文化最终都是通过行为体现出来的。

二、决策层

决策层面行为文化主要指以主要领导为首的党政班子在办学思想、治校风格、管理风格、人格魅力、公众形象等方面所展示出来的行为特征。一把手的眼界决定着学校的境界，一把手的品位决定着学校的品牌，一把手的品格决定着学校的风格，可见一把手的认识水准对于“学校文化”建设作用巨大。然而，个人的能力毕竟是有限的，领导班子作为一个决策集体，同样要为行为文化建设承担责任。

就管理行为而言，领导干部成熟的重要表现就是思虑周密、稳健持重、言行谨慎，不轻浮、不轻率、不轻信，不躁动、不妄动、不盲动，让人觉得靠谱、认真、踏实，而且严谨细致、见识过人、驾轻就熟。具体应该从以下几个方面树立良好的文化形象。

(1) 渐进而不心急。领导干部不能为了树立权威、显示才能，不顾长远利益、不从事业出发，竭泽而渔，必将给世人留下后患。作为理智的领导，干事创业切勿心急，尤其是不要抱着升官发财的私欲来谋事、行事，否则只会成为历史的罪人。

(2) 担当而不软弱。领导干部最大的行事风格应当在于敢作敢当，做到真情真话敢讲、歪风邪气敢管、硬事难事敢抓，让人觉得有主见、有胆识、有魄力。

(3) 自信而不霸道。如果领导老是听不进不同意见，凡事都由一个人说了算，包揽一切、个人专断，就会让人敬而畏之、敬而远之。时间一长，不仅其威信会大打折扣，而且还会使学校的事业蒙受巨大损失。

(4) 谋远而不短视。做领导工作，必须有预见性和长远性。领导干部既要立足当前抓工作，又要着眼未来谋长远。

(5) 开拓而不保守。四平八稳、墨守成规是领导者的大忌。领导干部稳健持重，并不妨碍其开拓创新，敢为人先。

(6) 豁达而不狭隘。领导干部不一定是最聪明、最能干的人，但应当是最公道、最敢当、最包容、最坦荡、最能把大家团结起来的人。豁达宽宏、厚德包容，应当是领导干部必备的品格。身为领导，切忌心胸狭隘、记恨记仇，也不能嫉贤妒能、揽功诿过，否则于人于己于党的事业都极为不利。

(7) 立行而不拖拉。做领导工作，贵在求真务实，要雷厉风行。领导干部千万不能只说不干，也不能拖拖拉拉。对于已经议定的事情，一定要抢时间、争速度，以全部的精力狠抓落实。

三、管理层

这里所说的管理层是指中层干部群体。作为学校管理活动中的关键力量，全面提高中层干部的素质，让他们用行为诠释学校文化更具有现实意义。要实行有效的领导，领导者不仅要掌握基本的领导方法，而且要有高超的领导艺术，这样才能创造性地完成各项领导任务，达到预期的目的。

(一) 中层正职的领导

1. 自身角度

做人、做事、做学问。干部手中的权力，只是一种职位(职务)权力，这种职位权力只有在人们普遍承认和服从时，才拥有实际的意义。正职干部如果没有权威，就会说话没人听、指挥没人应、办事没人从，这就是权力没有转化为权威。作为一个高校的部门或单位的正职干部，要把权力变成权威，发挥权力应有的作用，应做到以下几点。

(1) 做人。

一要道德品质高尚。思想道德素质主导人的总体素质，是一种无形的人格力量，特别在高校教育过程中，思想道德直接关系到人们个人的成长及事业的成败。学校教育，育人为本；德智体美，德育为先。这是培养社会主义事业的合格建设者和可靠接班人的要求。在说明德才关系上蒙牛集团总裁有一句话：“有德有才，破格重用；有德无才，培养使用；有才无德，限制使用；无德无才，坚决不用。”这句话是值得回味的。做人要厚道，要以诚待人；做人要大气，要胸怀宽广，不要斤斤计较；要广纳百家之言，善于听取不同意见。

二要客观公正。在处理问题时，对待不同的人，不论亲疏，一视同仁，一个尺度，一个标准。

三要为人正派，清正廉洁，时时处处事事严格要求自己。

四要以身作则；要别人做到的，自己先做到，不让别人做的，自己坚决不做。

五要关心群众疾苦，时刻把群众的冷暖放在自己心上。

(2) 学术。

一方面对个人提出较高标准，需要较高的教学水平，并且用学术的魅力感染他人。另一方面组织能力的水平有较高要求，要善于管理，具有很强的管理思维，主要针对学校的领导干部，应当作为科研组织者、倡导者。高校是科研的集中地，汇聚了庞塔的师资力量。当高校的行政权与学术权碰撞时，有二者有效结合，而不是两全分化，相得益彰，让师生们信服。因此，无论学校还是单位的领导干部，不仅要在为人方面做到恪尽职守，爱岗敬业，也要在学术方面树立旗帜。

(3) 工作。

第一，培养现代管理观念。现代管理不同于传统模式，早已摒弃权力与情感的管理方式。现代管理更加注重人性化，要建立完善的制度，与人们的情感互相结合，充分考虑人们的情感这一重要因素，使管理更加高效。因为在权力与个人威信有机结合下，能够形成更强的管理效力。要做到这一点，需要管理者有过硬的知识储备以及文化修养，能够适应现代社会的快节奏，处理好工作，并且适当借用他人优秀的管理思想和经验，然后探索出一条管理高校道路。

第二，要有竞争力和创新力。因为现代社会高速发展，竞争日益激烈，所以高校干部应当具备这种竞争意识，有发展眼光，即前瞻性思维，对搏击时代的脉搏，找准定位。要充分了解社会，适应市场变化，比如招生、就业形势不乐观，是普遍存在的现象，高校在这种外部环境下，要善于抓住市场需求，开展相适应的专业，增加就业渠道，并且不断学习，培养管理方面的水平和能力，增强创新意识。

在具体工作中需要做到以下几点：

第一，以集体领导为原则，分工合作。对于单位或部门的重大决策，不能有“一把手”“一言堂”，必须经过集体讨论，最终确定结果。让各个分领导及班子成员发表自己的意见，充分听取他们的看法，集思广益，再做决定。对于不涉及全局利益，该谁负责就谁负责，要勇于担当。但是，行政的主要负责同志和党务的主要负责同志必须要把责任承担起来。系主任需要承担本系教学工作任务和队伍建设等工作，特别要注重对新生师资力量的培养，并且抓学生管理。党的书记因为要身兼数职，抓基础党建工作的同时，也要肩负起学生的思想建设。

第二，将责任落在实处，求真务实。不能只喊口号，不做实事，要将决策落到实处。因此，在下决策之前，要充分进行调研，需要听取多方意见，做出可行性决定。在下达工作任务后，必须抓紧落实，层层压实责任，分工明确。

第三，要有前瞻性的战略眼光，要谋事在前，不断学习，充实自身，提高自己的能力，做出正确决策。

第四，抓住工作重点，不能硬干、蛮干，要将精力应放在主要工作方面。正职应该谋划全局，协调各方，是一名优秀的指挥者。

第五，进行调查研究，密切联系群众，不能脱离群众，要善于听取他人意见，与群众多沟通，如果领导干部不与群众接触，就不了解他们的想法，也就不可能做好工作。

第六，学会兼顾各方，不能顾此失彼，考虑全面，善于运用策略。

第七，加强班子的团结稳定，这是做好工作的前提。如果班子不团结，工作就不能做好，发展自然更无从谈起。所以正职的领导，必须使班子团结，要善于发现不和谐的因素，及时消灭。无论是正职之间，还是正副职之间等。凡事必须从大局出发，有大局观念，要做到求大同，存小异。作出决定时，班子成员要群策全力，全力以赴地执行。

2．处理好与副职的关系

在高校的中层领导机构中，副职是正职的助手，是协助正职考虑全盘工作而又负责某一方面或几个方面具体工作实施的领导者。正职拥有得力助手，路程等于走完了一半。所以，副职非常重要，正职领导者使用副职的方法与艺术亦非常重要。正职的管理文化价值取向应当包括以下几点：

(1) 放心。放心是要充分相信副职，让副手大胆工作、敢作敢为。

(2) 放手。放手是要让下属独立完成工作，但不是放任不管，而是在工作的主要方向，总基调确定基础上，让下属独立思考，解决问题，最后自己完成，要相信下属的工作能力。

(3) 放权。放权指正职要下放手中的权利，让副职能够协助正职完成工作，并且能够分管部分工作权力。这样才能让副职敢于做事，有权有威，而不是一个空架子。

(4) 指导。指导就是对副手在放手放权的情况下，仍旧需要经常的关注，需要时进行必要的指导。有些副手由于经验和能力等方面的原因，对具体意见工作，不一定一开始就能做到心中有数、计划周密、安排得当。在工作开始和工作过程中正职就要出手，不要在一边考验他，或看热闹。

(5) 支持。因为实际工作中，不可避免地会出现来不及汇报等情况，要对副职的决定在不涉及原则范围内，给予认可和谅解，对于副职处理的事情，不要轻易否定，如果需要更正，要采取适当的方式方法，引导让其自己做出正确的决定。因此，副手是在为正职做事，正职支持副职的工作。

(6) 依靠。副职是更好地帮助正职完成工作的辅助者，副职能够帮助正职所下达具体工作落到实处；正职也应该帮助副职，用丰富的经验和谋略给副职指引工作，所以二者在工作中是相互依存的关系，要共同克服困难。在下决定之前，要充分听取副职意见，不要独断专行，冷落副手。建立彼此信任，副手才会有工作热情，才能全力以赴投入工作。

(7) 揽过。任何人在工作中都会出错。正职在这个时候需要勇于承担责任，为副职减轻压力，分担担子，出错并不可怕，而是要一起总结原因，查摆问题，补齐短板。从人性的情感来说，人犯错都会自责，比如失意、内疚等。这时正职不应该责备、抱怨，更不能挖苦、嘲笑对方，要设身处地为对方考虑，要关心和理解。正职要敏锐地把握这个机会，将挫折转化为动力。揽过能让下属得到安慰，让下属对工作更有责任感，也能够让群众看到领导班子的团结。切记出现问题后把责任推给副职，并当众诋毁，这样不仅会给副职带来极大伤害，也会暴露正职的人品缺陷。

(8) 平衡。正职要协调好副职之间的关系。特别是大单位，人员多，副职也较多，在工作中要安排好他们的职责，分工明确，以避免产生矛盾，让他们的工作能够互为影响，相互促进，同时正职对待副职需要一碗水端平，发现他们产生矛盾，要及时解决。正职协调能力十分重要，是衡量一个单位稳定的主要指标。

(9) 沟通。沟通不仅可以增进感情，还可以达成共识。正职要经常与副职交流，并且交换意见。在拿不准的问题上，多与副职进行交流，这样可以加深理解，最后达成共识。多交流沟通，能够帮助副职更好地开展工作，从而起到良性的循环作用。因此，基层班子成员往往无话不谈，开诚布公地把出现的问题放在桌面上，不仅有利于问题的解决，也能化解矛盾，从而建立和谐的集体。

(二) 中层副职

在一个部门或者单位中需要有正职和副职两种职位。需要合理分配正职和副职的不同职责。如果副职是助手、配角，那么正职便是部门或单位当中的领导核心，是掌握部门发展方向的关键力量；副职要辅助正职工作，做好本职工作。

1. 思想上有配角意识

副职要辅助正职工作，要清晰认准自己在团体中的地位，具体表现在以下几个方面。

(1) 副职要以维护正职为工作核心，树立维护正职的思想观念。在一个单位或部门中，正职是发展的关键力量，对整个部门的发展担负全部责任，而副职需要帮助正职分担责任，使领导能够专心负责主要工作。在团队当中，副职具有一定权力，对于正职的工作进行日常辅助，同时副职又领导下级，起到承上启下的作用，要坚决维护正职的团体地位，自觉服从领导安排，把握领导安排工作的意图，充分发挥自己的工作能力，积极协调正职进行日常工作，使上下级关系处于一种和谐稳定、积极向上的状态。

(2) 对于自身所拥有的权力要有清晰认识。正职和副职之间所拥有的权利是不同的，正职统筹全局，具有绝对领导权，对于团队或单位中的所有事情进行整体把控，而副职负责自己所分管的部分工作。同时，正职会根据现实状况，对于副职进行一定工作安排，使他们能够在一定权力范围内进行工作。因此，副职要接受安排，在自己正常范围之内进行工作，在工作时要有“度”的考量，多请示上级，多汇报工作，如果没有经过授权的话，则轻易不要表态，要履行自己的职责，努力完成自己分内的工作。

(3) 要倾尽自己全力辅助正职工作。不管是部门还是单位，所有成员都要真心相待，为了完成共同的工作而全力以赴。对于副职来说，自己的工作定位是配角，是助手，要全力支持正职工作，这也是副职的基本工作素质。要从以下三个方面进行辅助：一是工作内容要尽全力配合；二是如果正职遇到重大关键问题时，要积极予以帮助，共同面对；三是如果发生工作失误后，要帮助正职尽量弥补，承担自己应该承担的责任。

2. 行动上要尽职尽责

(1) 准确把握领导意图。身为副职要有一定悟性。在日常工作当中，对于正职的工作安排要有所领悟，使工作发展朝着预定方向进行，使自己在行动和思想上与正职保持相同方向，使工作做得更好。

如何做到正确领会意图，有以下三个方面：一是要清晰了解正职的日常工作规划，如工作计划、会议谈话、平时交流等，从这些信息当中进行深入研究，帮助自己领会正职的意图；二是要多向领导汇报，多请示工作，在交流当中，细细体会正职的工作意图。在通常情况下，副职如果向正职进行汇报时，正职的反应一般都是肯定答案，有时是暗示。所以，副职要学会体会领导意图，使工作内容能够得到纠正，最终得到贯彻落实；三是要根据现实情况进行分析，多思考，多提问，深入了解为什么正职会在此阶段提出这样的工作思路？这样的思路对于全局发展有何作用？最终要实现怎样的工作目标？

(2) 做好自己的本职工作，是评价副职称职的重要指标，是做好自己的分内工作。做好分内工作有以下几点：首先，要知道自己的工作范围、权利、任务，明白自己在工作当中要做什么，应该怎么做，如何做。自己的职责要非常清晰，不能随便越权管事情，也不能对自己分内的事情不管不问，要按照正职的授权范围处理自己工作。第二，学习借鉴他人的成功之处，不断探索工作方法、工作技巧，尤其是学习如何和领导之间融洽相处的诀窍，从领导身上吸取经验，要诚心诚意，使自身素质不断得到提高。第三，要积极主动进行工作，上级下达的工作要认真检查，是否完成领导要求，不能任务下来之后就不管不问，或者是依赖他人完成，不要万事都要等着正职检查。第四是副职作为承上启下的关键所在，要对下属进行关怀，充分发挥团队精神、协作能力，调动他们工作的积极性，对于在工作当中所遇到的具体困难要及时予以解决，如果发生工作失误时要敢于承担责任。第五，充分发挥上级与下级之间的沟通桥梁作用，充分把正职的工作意图下达到群众中，还要把群众的各种意见反馈汇总，使上下沟通顺畅，使正职充分了解下层民意。

(3) 帮助正职进行参谋规划。副职是正职的帮手和参谋，在这个过程中有以下三点需要注意：第一，要充分发挥副职的智慧和能力，帮助正职解决问题，使单位的工作能够顺利进行；第二，善于揣摩正职的内在意图，使工作能够进行超前展开，不能够随大流，没有任何创新意识；第三，要从正职角度出发，维护全局发展，提出具有创造性建议，要及时了解全面发展状况，这样才能够提供有价值的参考建议，使正职和群众能够认可自己的工作。

3. 副职应处理好七个关系

(1) 领导和服从关系。在单位或集体中，正职是工作的关键所在，负责全部工作。副职是正职的助手，辅助正职工作。所以副职清楚明白自己的权力范围，努力维护领导形象，巩固领导核心地位，不争夺权利，不独断专行，不越位处理事情，不邀功请赏。

(2) 整体和局部关系。正职要从大局上把控工作，要对上层领导负责，也要对下属负责，但是副职只需要分管某些范围内的工作，在适当时要牺牲部分利益，使全局更加稳定发展。

(3) 角色和参谋关系。正职做出的所有决策都依赖于基层调查，依赖于下层各种建议。所以，副职要向正职提供有建设性意义的意见，汇总各种信息，对于自己分内的工作，要提出创造性意见，不要闭口不言，只会看领导的意图做事。

(4) 工作和生活关系。副职是领导阶层，当自己的工作和生活产生矛盾时，要冷静处理，不应该带着情绪处理工作，正职也不能够以工作为名义，对副职提出各种不合理的要求。

(5) 团结和批评关系。正职要团结团队里的所有人，批评也要同时进行，不能为了团结而不批评，但是这种批评建议要从工作角度出发，是一种出于善意的批评。副职要善于接受批评，副职谦逊接受批评的态度，使工作可以更加顺利开展，同时提高自身的素质。

(6) 赞成和反对关系。在工作集体当中，所有成员都有发言建议的权利，副职不仅对于自己赞同的问题提出建议，同时对于自己不赞同的观点，也要敢于提出反对意见。

(7) 总揽和放手关系。如果在日常工作中，正职对副职的工作干涉过多，会导致副职在工作中无法充分发挥主动性。因此，正职将工作安排给副职之后，不要过多干预。另一方面，面对正职的干预，副职要心平气和，多查找自身不足，尽可能为正职提供更多信息，协同正职把工作做到最好。

4．副手应做到的“八不”

(1) 配合不“争权”。副职是助手，是正职的左膀右臂，是正职的帮手，主要是为了正职的工作进行日常配合，要从全局利益出发，这也是副职工作的最基本要求之一。

(2) 用权不“专断”。如果在日常工作中有重大问题出现，副职要及时请示报告。这种重视正职的态度体现了负责的工作意识，同时还能够让正职了解自己的工作进度。

(3) 出力不“越位”。在工作当中，积极发挥自己的主观能动性是非常重要的事情，副职要对自己的分内工作大胆处理，对于超出工作范围的内容，不要轻易插手。

(4) 尊重不“奉迎”。尊重正职是工作内容之一，有利于使整个团队更加团结，树立正职威信，但是这种尊重并不是曲意迎合，而是以共同的工作目标为核心，是一种真诚尊重的工作态度。

(5) 交流不“局限”。副职和其他团队成员在工作时，要多方面交流而不仅局限于工作，还要在思想上进行深度交流。这种交流不仅是与正职之间的交流，还是与其他副职之间，与下级之间的思想交流。

(6) 有才不“显才”。副职如果具有较强的业务水平，不要因为担心展露不出自己的才华而忽略维护正职威信。这种担心是没有必要的，因为上层组织和群众会通过副职的每一项工作，看到其所展露出来的才华，并作出客观公正的评价。

(7) 尽职不“争功”。如果某个单位在某方面取得了卓效成绩，副职起到关键作用。然而，作为一名副职要能够客观冷静地看待自己的工作，要有正确态度，不能把功劳全都记在自己身上，而应该考虑集体和正职的付出。

(8) 纠偏不“过当”。如果在日常工作当中，尤其是正职的工作出现问题时，副职要负责提出善意的意见，对其他成员也要有客观公正的态度。

四、教师

教师行为文化是教师群体在师德、教学、治学、师生关系、与家长关系、社会责任等方面所表现出来的态度和情感倾向。

(一) 行为文化建设

1．职业规范内涵

教师职业规范主要包括以下几方面。

(1) 爱国守法：热爱祖国，热爱人民；拥护中国共产党的领导，拥护社会主义；全面贯彻国家教育方针，自觉遵守教育法律法规；依法履行教师职责权利。

(2) 爱岗敬业：志存高远，忠诚于人民的教育事业；勤恳敬业，乐于奉献：工作高度负责，认真教育教学。

(3) 关爱学生：尊重学生人格，公平对待学生；严慈相济，做学生的良师益友；维护学生基本权益，不体罚或变相体罚学生。

(4) 教书育人：遵循教育规律，实施素质教育；循循善诱，因材施教；培养学生良好的道德品行，促进学生全面发展；不以分数作为评价学生的唯一手段。

(5) 为人师表：知荣明耻，坚守高尚情操；严于律己，以身作则；衣着得体，语言规范，举止文明；关心集体，团结协作；尊重同事，尊重家长；作风正派，廉洁奉公。

(6) 终身学习：崇尚科学精神，树立终身学习理念；拓宽知识视野，更新知识结构；潜心钻研业务，勇于探索创新；提高专业素养和教育教学水平，形成自己的教学风格。

2．人文素养内涵

人文素养主要包括以下几方面。

(1) 人文知识：文化经典，理解人文传统；历史意识，积淀文化底蕴；科学意识，人文素养的基础；环境关怀，履行公民的基本义务；艺术理解，幸福生活的基础。

(2) 人文态度：以人为本的理念，喷薄荡漾的热情，坚忍不拔的意志，感受幸福的情怀，为人师表的品性，追求完美的个性。

(3) 人文精神：自由精神，减负和减压；自觉精神，反思和发展；超越精神，开拓和创新；生存价值，理想和奉献。

(4) 人文修炼：读书与自我反思，教学实践，校本研究。

3．专业素养内涵

专业素养主要包括以下几方面。

(1) 教学设计基本功：设计恰当的教学目标，准确锁定教学起点，科学设计教学过程，创造性地使用教材资源，设计有价值的问题，教学过程的预设，教学设计的留白。

(2) 教学实施基本功：教学情景的创设，对“主导”“主体”关系的理解与处理，民主课堂的营造，师生间的合作与交往，课堂教学的组织管理，教学信息的反馈与调整，教学实验能力的培养，学生学法的有效指导。

(3) 教学策略选择基本功：不做“讲师”做“导师”，引导学生从“质疑”走向“探究”，对话教学中的“问题”设置，合作学习的有效指导，开放课堂的创设，教学内容的构建，任务驱动学习方式的运用，“随即导入”策略的掌控。

(4) 教学技能基本功：教学语言的运用，课堂教学的有效导入，板书板画的精雕细刻，学生自主学习的有效指导，教学突发事件的智慧应对，作业的有效安排，现代教育技术的有效运用。

(5) 教学评价与教学研究基本功：教学的纪实性评价，教学的激励性评价，教学的终结性评价，教学的反思研究，教学的平科研究。

(二) 群体践行内涵

在新的时代背景之下抓教师行为文化建设，既是机遇，也是挑战。新的经济社会发展形势把所有的学校放在了同一个平台上，也把所有的教师摆在了基本相同的起跑线上，教师发展的速度，主要取决于对“行为文化”的理解和践行。因此，学校重点要做好两项工作：提供发展资源，抓好团队建设。实现一个目标：学校创造环境，教师创造业绩。营造一种宽松的敬业环境，让老师以教学为贵，以教学为乐，以教学为荣。

群体践行具体抓好以下工作。

1. 思想共同体建设

学校是以背景身份存在的，它不仅是孩子们学习的场所，更是教师们共同交流展示的舞台；对教师而言，学校不仅仅是工作的场所，更是成长的田园。建设一支互助开放、富有激情的教学团队，培育一方土肥水美的田园，把主流教师队伍的思想导向的正确轨道，是共同体建设的目标之一。

2. 学术成就平台搭建

学校好比一棵大树，要想大树根深叶茂，必须始终坚守稳根固本原则，在学校，人才培养就是根本。以人才培养为根，以人才培养为本，以人才培养为职，以人才培养为责，以人才培养为荣，以人才培养为乐。通过学术平台的搭建，让那些专业悟性好、刻苦钻研、善于总结、勇于创新的教师稳步发展。通过开发学科专业优势教好书；通过开发教师个人魅力优势育好人。引导教师以学生为主体，以学科为基地，以创新为动力，以成效为标准专业发展，个性成长。

3. 幸福指数培育

教师行为文化建设，就是让学生因为教师的魅力而增加对学校的认可，让家长因为教师的水平而增加对学校的好感；教师行为文化建设，就是要通过教师魅力提升来建设文化学校、品位学校、魅力学校、幸福学校；教师行为文化建设就是要让教师群体心生自豪——因为我是有文化的，所以我是有品位的，因为我是有品位的，所以我是有魅力的，因为我是有魅力的，所以我是幸福的。

(三) 个体践行内涵

1．课程智慧

没有观念，就没有生命，观念是思想是生命。有课程智慧的教师，把学生成长、成人、成功放在第一位，坚信给一个学生机会，他(她)会给你一个奇迹；有课程智慧的教师不会为难任何一个学生，也不会放纵任何一个学生，他们走近每一学生，发现每一个学生的优势，扬长避短，因材施教；有课程智慧的教师，把转变视为自我成长，自觉地由知识本位向人本本位转变，由重知识传授向重发展转变，由课程内容以应试为主向体现内容现代化转变，由重教师的“教”向重学生的“学”转变，由评价体系重结果轻过程向重过程与过程结果相统一转变；有课程智慧的教师能在课堂上真切地感受到每一个学生心灵的萌动，宛如姹紫嫣红的鲜花在春天绽放一般，际遇教学的本质，体验教学的神圣。

2．教学智慧

教师上好课，是立身之本。施教之功，先在激趣，巧在授法，重在练化，贵在养习；把课堂还给学生，让课堂焕发青春活力，关键就是关注学生，多发现学生的优点，少挑剔学生的缺点。有教学智慧的教师备课要求脑中有课标，腹中有教材，心中有教法，目中有学生，胸中有教案，案中有习题；有教学智慧的教师，精心钻研课标和教材，精心设计课堂结构，精心设计板书教具，精心设计练习题，做到梯度、密度合理；有教学智慧的教师教授方式精选、精编、精讲、精练。

3．管理智慧

成功来自知识的不断积累和超越自我的态度；对教师而言，对于时间的管理就是对生命的管理；在从教的道路上，只有投入才会深入，只有付出才会杰出，只有用心才会开心。

4．人格魅力

演员，靠演技征服观众；球员，靠球技留住球迷；教师，靠人格魅力引领学生奔向美好的未来；有人格魅力的教师“目中有人，心中有意，言中有情，行中有样，教中有新”。

5．学术魅力

人生的价值在于付出，有学术魅力的教师应当是只管付出，不求回报的教师；有学术魅力的教师在教学中不是带着知识走向学生，让学生适应自己，而是让自己去适应学生，带着学生走向知识；教师的学术魅力对学生而言就是阳光、空气和水，是学生成长不可缺少的养料。

6. 思考习惯

美国心理学家波斯纳提出了教师成长的公式：成长=经验+反思。教师成长的实践反复证明：在反思中追求主动发展、专业发展和不断自我更新的教师，才是真正的好教师；在反思中练就“三熟五勤”(“三熟”即熟悉新《课程标准》，熟悉各科教材“新”之所在，熟悉学生的学情，使用教材遵循教与学的规律。“五勤”：第一勤听；第二勤思；第三勤写；第四勤说；第五勤评)的教师才是真正的好教师；在反思中明确了课堂教学要求“五清晰”(教学目标清晰、知识框架清晰、教学思路清晰、训练要点清晰、课堂语言清晰)教师才是真正的好教师。

教师行为文化建设，因校而异，因人而异，但对建设效果的评价必须要有基本的标准，这就是党和政府对教师队伍的基本要求。

五、员工

员工行为文化就是工勤服务人员在职业道德、服务态度、服务技能、服务质量等方面的价值判断和行为方式。

(一) 建设途径

1. 个人层面

要想成为一名优秀的集体成员，必须树立全校一盘棋的思想，做到以下几点：必须学会与别人进行公开、坦诚的沟通；学会直面个体间的差别并善于解决冲突；学会把个人的目标升华为团队利益；学会给自己安慰，为别人鼓掌；把“服务”作为责任，将“服务”升华为快乐。

2. 集体层面

衡量一个组织是不是有归属感的团队的标准包括以下八条：是否降低了管理成本？是否提高了成员的积极性？是否提高了工作效率？是否增强了成员的满意度？是否所有成员对团队目标有共同承诺？是否改善了组织沟通状况？是否提高了工作技能？是否增强了组织的灵活性？

(二) 教职员工文明公约

教职员文明公约是一个学校员工的行为文化的最佳体现，下面以某职业技术学院教职员工文明公约为例进行说明。

总则：激情、忠诚、责任、实干、创新。

(1) 敬业爱岗。热爱财经学院，热爱本职工作；遵守作息时间，坚守工作岗位；主动、准确、高效处理业务，不敷衍、不拖延，不搁置；不串岗，不闲聊，不用 QQ 聊天，不玩游戏，不浏览与工作无关的网页和视频。

(2) 友善待人。对人态度谦和，热情周到；同事间真诚沟通，互相支持；耐心倾听对方的倾诉，平静陈述自己的诉求，坦诚表达自己的观点。

(3) 文明上岗。用心做事，礼貌待人；接打电话用语体现素养，收到同事工作信息及时回复；处理业务细心周到。

(4) 文明参会。按时到会，安心开会，手机调至静音或关闭。认真阅读材料，做好笔记。不随意进出，不在会场内吸烟，不交头接耳；他人发言耐心倾听，自己发言严肃认真。接受服务要表示谢意。

(5) 互相尊重。诚恳待人，友好相处，悦纳自己，欣赏同伴，扬人之长，容人之短。团结互助，愉快共事。不自以为是，不妄自菲薄，虚心纳诛，广采众智，发扬民主，科学决策。

(6) 实事求是。反映问题实事求是，汇报工作客观公道，不在人前耀己之长，不在背后说人之短，共同培育和谐共融的共事环境。

(7) 相互服务。不把服务狭隘地理解为后勤的工作，而要用“教职员工为学生服务，师生员工互相服务”的大服务理念培育和谐的服务文化。

(8) 勤俭节约。节约用水用电，办公用品按需领用，纸张两面使用，尽可能电子化办公；培养低碳工作和生活方式，多走楼梯，少坐电梯；文明用餐，按需购买。

(9) 安全至上。筑牢安全防线，随时防火防盗，个人重要物品不在办公室存放，不用的旧书废纸随时清理，以免引发火灾；保持室内整洁卫生，离开办公室前检查门窗，关闭所有电器电源，确认门锁已经锁好再离开；安全出行，养成文明驾驶习惯；校园内开车要放慢速度，主动避让行人，不随便使用喇叭。按指定地点停放车辆。

(10) 文明卫生。培养良好的卫生习惯，主动保持工作环境清洁，自觉维护公共卫生秩序。不在公共场所进食和吸烟。个人生活必备品放在隐蔽处。

(11) 文明着装。着装要体现职业特点，符合身份、年龄、职业，合体大方，举止端庄，不佩戴款式夸张的首饰，不留不符合职业形象的发型，不染颜色怪异的头发。

(12) 文明施教。上课前准备好教具、教案和课件，精神饱满地上好每一节课；课堂上要教态亲切，声情并茂，精力允许情况下不坐着讲课；维护课堂纪律，对学生管教管导；上课期间不擅离职守，不接待来客，不接打电话，按时下课。

(13) 尊重学生。与学生交往，微笑交谈，平等沟通，不随便训斥学生，尊重学生的人格，保护学生自尊，培养学生自信。

(14) 规范学术。遵守“学术研究无禁区，课堂讲授有纪律”的原则，不利用教学便利进行推销或赢利活动；严谨治学，勇于探索，追求真理，修正错误；秉持学术良知，恪守学术规范；尊重他人劳动和学术成果，维护学术自由和学术尊严；诚实守信，力戒浮躁。坚决抵制学术失范和学术不端行为。

(15) 积极进取。踏实工作，勤奋学习，勇于创新，多出成绩；把个人爱好与本职工作结合起来，让个人成长与学院发展同步同向；学院发展是自己幸福生活的基础，自己的素养是学院持续发展的名片。

(16) 文明就寝。进出公寓遵守门卫规定；自觉维护公寓卫生，爱护公寓设施设备，共同营造安静文明的休息环境；放低声音说话，放轻脚步走路；寝室内同事之间互相尊重彼此生活习惯，克服个人不良嗜好，及时整理自己的床铺，随时清洁个人卫生；不在寝室内吸烟、打牌、饮酒、赌博。

六、学生

学生行为文化主要指学生在养成、学习、集体合作、健康人格构建等教育过程中所表现出来的态度、情感等个性倾向。学生行为文化建设要围绕着素质教育的核心内容来展开，专家将素质教育概括表述为：一个核心(坚持以立德树人为核心)，两个重点(培养创新精神和实践能力)，三个维度(知识与技能，方法与过程，以及态度、情感与价值观)。

学生行为文化的培养具有以下几个特点：

(1) 体验性。让体验在沉思中升华。让最聪明的头脑挑战最有价值的问题；让最灵巧的双手挑战最有含量的技艺。

(2) 问题性。从实际性问题到理论性原则。

(3) 规范性。从制度硬性约束到习惯养成。

七、质量

提高教育质量，必须研究质量文化。教育质量文化是社会文化在教育领域的特殊形态，随着社会的发展、社会文化的丰富而不断形成和完善。学校质量文化是指学校在长期的教育教学过程中，自觉形成的涉及质量问题的价值观念、意识形态、思维方式、道德规范、规章制度、法律观念及传统习惯等“软件”的总和。建设质量文化具有保证学校文化建设、促进社会文明进步的重要作用，可以提高人的素质、发挥人的潜能，对于学校生存、教育发展、民族进步与振兴具有重大战略意义。

（一）定义

学校质量文化的集中表述应该是：全面、全方位、全过程的质量观和价值观。建设学校质量行为文化要结合本校实际，制定一个纵向延伸到底、横向覆盖到边的质量体系标准。将学校内的所有岗位、所有人员所做的所有工作都纳入质量管理体系，规定检测程序，明确质量责任。

（二）建设路径

树立一个理念：“全面质量管理”的理念，其核心是全面性、全员性、全程性。学生的学习分数并不等于教育质量的全部。

明确两种意识：品牌意识和特色意识。

遵循三个原则：科学发展、以人为本、全员参与。

抓住四个环节：按照“计划—实施—评价—改进”四个环节全程培育文化，并做到：向课堂要质量；向教研要质量；向管理要质量。

落实五方面工作：建立组织机构、健全规章制度、开展宣传教育、强化全面管理、完善质量体系。

（三）学生质量标准体系

2016 年 9 月 13 日，教育部委托课题——中国学生发展核心素养研究成果在北京师范大学举行的新闻发布会上正式发布。该研究成果将中国学生发展核心素养分为文化基础、自主发展、社会参与三个方面，综合表现为人文底蕴、科学精神、学会学习、健康生活、责任担当、实践创新等六大素养，具体细化为国家认同等 18 个基本要点。各素养之间相互联系、相互补充、相互促进，在不同情境中整体发挥作用。根据这一总体框架，可针对学生年龄特点进一步提出对各学段学生的具体表现要求。

一直以来，“教育要培养什么样的人”都是教育的的最根本问题的回答和解决。课题组负责人、北京师范大学资深教授林崇德通过研究，认为教育必须基于对学生身心发展规律的科学认识，必须依靠科学的思考和方法。核心素养是对素质教育内涵的解读与具体化，是全面深化教育改革的一个关键方面。

中国学生发展核心素养研究以科学性、时代性和民族性为基本原则，以培养“全面发展的人”为核心，充分反映新时期经济社会发展对人才培养的新要求，高度重视中华优秀传统文化的传承与发展，系统落实社会主义核心价值观。尽管素质教育已深入人心并取得了显著成效，但我国长期存在的以考试成绩为主要评价标准的问题，影响了素质教育的实效。全面系统地凝练和描述学生发展核心素养指标，建立基于核心素养发展情况的评价标准，是对素质教育内涵的具体阐述，也是对素质教育过程中存在问题的反思与改进，从而深入回答“教育要培养什么人”的问题。

《中国学生发展核心素养》作为一套经过系统设计的育人目标框架，将从多个途径引导课程设计、教学实践、教育评价等各教育环节的变革。林崇德表示，目前的课标体现“能力为重”的指导方针，重视工具性素养，在知识、技能、态度和价值观等方面对学生提出全面要求，但仍存在对素养缺乏明确界定、系统阐释，对跨学科素养相对忽视，论述的核心素养与课程内容相脱离等问题。目前，课程、教学、评价、教研、管理等方面专家对核心素养与课程标准衔接转化的研究已经展开，重点基于核心素养总体框架，研究核心素养在课程标准中落实的方式方法。然而，不可能专门开一门核心素养课程，将核心素养转化为各学科的教材与评价。核心素养的进一步完善落实是系统工程，还要广泛听取意见，进一步修订完善，随着经济社会的发展，这一过程永远都是进行时。

八、安全

学校安全文化是师生员工在学校安全活动中所形成的对安全的价值准则和行为方式。主要包括安全观念文化、安全制度文化、安全行为文化和安全物态文化四个部分。

（一）价值

学校安全文化是以学校精神为依托，紧紧围绕学校安全工作展开的，但又是将安全管理提升到文化高度来建设的管理提升工作。学校安全文化建设与日常安全管理的区别在于：将常规的安全工作提升到了办学理念的层面，工作人员的一言一行都要体现学校宗旨、践行学校精神、传播学校文化、释放学校品位，将自己的智慧、态度和劳动塑造成学校名片。安全文化建设在学校发展过程中发挥着“培基固本”和“保驾护航”的作用，对师生员工舒心工作、愉快学习、幸福生活有着特殊意义。

（二）内涵

学校安全工作的内容分“人的安全”和“物的安全”两大部分，人的安全以学生为重点，以保护师生员工的生命安全为宗旨；物的安全以保护学校财产安全为目标。

（三）建设目标

1．体系建设

借助规范化管理理论，以师生员工生命安全、身心健康为基点，针对问题建立制度，利用制度规范行为，通过行为训练培养习惯，通过习惯养成培育文化，由此做实安全基础，规范安全程序，提升安全能力，实现以安全保证文明，以文明促进和谐。

2．设施设备管理

配件零缺失，功能零缺陷，隐患零存在，本色零污渍，过程资料零缺漏。

3．人员素质

强化安全意识，规范安全行为，训练安全能力，培养安全习惯，培育价值认同。

4．学生安全行为

让安全成为习惯。学生应该逐步养成以下基本安全习惯：

(1) 每天关注天气预报。

(2) 出门前关灯、关机、断电。

(3) 锁门前检查随身携带物品。

(4) 贵重物品妥善保管。

(5) 上下学路上步行走人行道。

(6) 骑车走非机动车道。

(7) 进楼道单元门前回头看。

(8) 开门前左右观察。

(9) 不给陌生人开门。

(10) 在教室里正确使用前后门。

(11) 走路及上下楼梯靠右行。

(12) 在楼梯上不低头看书、不玩手机。

(13) 下楼梯时不仰头说话。

(14) 到陌生地方注意熟悉逃生路线。

(15) 不与陌生人近距离接触。

(16) 旅游时看景不走路，走路不看景。

(17) 文明出行，预防交通事故。

(18) 不抢红灯。

(19) 不翻越隔离栏。

(20) 不并排同行。

(21) 在马路上不展示车技的习惯，走路不踩井盖，开车不压井盖。

(22) 不玩火、安全用火后及时熄灭火种。

(23) 不在没有安全标志的水域游泳、溜冰。

(24) 餐饮卫生方面。

（四）建设方针

安全第一，预防为主，综合治理，强化基础，突出重点，常抓不懈；积极预防、依法管理、社会参与、各负其责。

九、廉洁

廉洁文化是人们关于廉洁从政的思想、信仰、知识、行为规范和与之相适应的生活方式、工作方式和社会评价，从根本上反映着一个阶级、一个政党的执政理念、执政目的和执政方式，是廉洁从政行为在文化和观念上的客观反映。在学校培育廉洁行为文化，目的是用社会主义先进文化教育师生员工，积极营造风清气正的育人环境，为年轻一代打下清廉做人的思想道德基础。

（一）内在意义

廉洁行为文化的内在意义主要包括四点：一是指廉洁从政的思想道德要求，作用于执政者的内心世界，形成廉洁从政的文化动力；二是指在全社会营造良好的廉洁从政的文化氛围，形成以廉为荣、以贪为耻的社会风尚，用健康向上、追求清廉的文化充实人们的精神世界；三是指各职业阶层的从业人员恪守职业道德、爱岗敬业、廉洁自律、奉公守法的职业文化；四是广大人民群众追求公平正义、安定有序、诚信友爱的社会境界在心理上的一种文化反映。

（二）建设路径

针对党风廉政建设，党中央提出了总体要求，即干部清正，政府清廉，政治清明。校园廉洁行为文化建设的途径应当包括以下几点。

1．阳光治校

阳光治校的核心理念是基于“阳光是最好的防腐剂”的自然规律，通过“制度保廉”“责任抓廉”“监督促廉”“道德育廉”“固本培廉”的制度设计，让“权力在阳光下运行”，让教职工在公平、公正的环境中工作，让学生在阳光下成长。主要包括以下几方面。

(1) 建立健全风险防控体系，强化前期预防。重点从预防思想道德风险、制度程序风险、职务岗位风险三个方面强化前期预防，强化权力制约，规范权力运行。

(2) 建立健全监控管理措施，强化中期监控。重点从强化信息预警、加强“制度+科技”防控、加强督查管理三个角度强化中期监控，实现权力“进系统、留痕迹、可追溯、能监督”。

(3) 建立健全考核评价机制，强化后期评价。针对廉政风险防控工作的实际情况，建立健全预警处置、动态管理、检查评估、责任追究等风险防控长效机制，推动廉政风险防控机制建设的制度化、程序化。

(4) 建立健全师德建设长效机制，将道德育廉落到实处。教师队伍道德水准是学生队伍道德质量的前提条件。建立健全自律与他律并重的师德建设长效机制，引导广大教师切实肩负起“立德树人、教书育人”的光荣职责，推进阳光治校。

2．清风文化

清风文化建设的目标在于通过“管理文化引领”“制文化规范”“服务文化浸润”“教师文化哺育”“学生文化培育”等手段营造风清气正的发展环境，培养全面发展的合格青年。

十、时政

学校时政文化是学校按照上级党政主管部门安排，结合本校实际组织落实的专题活动，其主要特点是指令性、针对性、时限性和实效性。

学校时政行为文化建设的目的在于培育关注社会、关注民生、关注人类的思想意识，在信息化时代，尤其要具有数字化生存能力，主动适应“互联网+”等社会信息化发展趋势，培养具有网络伦理道德与信息安全意识；适应全球化时代趋势，崇尚自由平，维护社会公平正义，尊重世界多元文化的多样性和差异性，积极参与跨文化交流，培养未来公民素养。

在学校建设时政行为文化的主渠道包括党的建设、思想政治课、团队活动、社团活动、组织宣传活动等。基本的原则是——认识明确，态度积极；任务具体，行动迅速；及时总结，务求实效；阵地相对集中，主题高度统一；上面千条线，基层一根针。

这里以低碳环保活动为例。低碳生活就是指生活作息时所耗用的能量要尽力减少，从而减低二氧化碳的排放量的方式；环境保护是指人类为解决现实的或潜在的环境问题，协调人类与环境的关系，保障经济社会的持续发展而采取的各种行动的总称。

低碳环保文化是人类转变环境理念、树立环境意识、培养环保行为、建设绿色环境的过程。低碳环保文化有三个部分组成，即：环保理念识别系统、环保行为识别系统和环保视觉识别系统。

低碳生活，对于普通人来说是一种态度，而不是能力，在学校开展低碳环保行为文化建设，主要是积极提倡并实践低碳生活，注意节电、节水、节油、节气，积极植树，尽量购买运输里程短的商品，坚持多爬楼梯，少坐电梯，少开汽车，多骑自行车或坐公交等低碳生活。“低碳生活”虽然是个新概念，提出的却是世界可持续发展的老问题，它反映了人类因气候变化而对未来产生的担忧，顺应了人类“未雨绸缪”的谨慎原则和追求完美的心理与理想，世界对此问题的共识日益增多。

建立低碳环保机制，调动师生员工环保积极性，确保校园安全，实现低碳环保良性循环是实现低碳环保的主要途径。建设低碳环保文化理念识别系统，内容应该包括：低碳环保宗旨、目标；低碳环保方针和战略；低碳环保价值观和工作作风；设计学校低碳环保标志；学校自然环境和建筑布局的低碳环保设计等；如果条件允许，可以考虑在校园内设置环保宣传专门阵地。

从培育低碳环保理念入手，用环保文化的力量来凝聚师生员工思想，规范行为，培育环保自愿、自需意识。只有培育环保文化，最大限度地提高资源利用率，科学发展，可持续发展，才能打造全新的绿色校园，让人人共享绿色生活。

十一、音乐舞美

在学校文化建设体系中，音乐舞美文化特指师生员工对音乐、舞蹈、美术在综合育人过程中的价值判断和呈现方式。

（一）精神价值

革命歌曲焕发革命精神，爱国诗篇激励爱国情感，民族旋律弘扬民族传统，高尚音乐陶冶高尚情操，精湛技巧孕育精湛艺术，优美形象净化优美心灵，这就是对音乐舞美文化育人效果的高度概括。

（二）建设方法

(1) 抓好课堂教学。这是音乐舞美文化建设的基本阵地，更是一所学校的灵气和活力所在。

(2) 抓好社团建设。丰富多彩的学生社团，能够满足学生兴趣爱好多样化的需求，激发校园青春活力，引导青年学生健康成长。

(3) 搭建展演平台。学校通过重要节日、文化周、艺术月等载体，搭建展演平台，让师生员工尽展个人才艺，激发正能力，调动积极性。

(4) 培育文化氛围。从一定角度讲，办学校就是办文化，没有浓郁文化氛围的学校，与产品加工车间也没多大区别。所以，教育无小事，事事皆育人，校园无死角，处处皆文化。

(5) 鼓励群众创作。校园文化创作旨在调动积极性，激发创造力，而不是专业创作，只要符合师生员工口味就行；如果条件允许，学校应该投资激励。

(6) 普及与提高统一。校园音乐舞美文化建设，氛围是第一位的，因此，抓好普及是基础；在此基础上，通过专业训练队、表演、展演等方式，发现人才，进行专业培养，实现普及与提升相统一。

十二、体育健康

(一) 定义

(1) 体育，有两种含义。广义的体育是人类文化的一种形式，是以运动为基本手段，以增强体质、丰富社会文化生活为目的的一种有组织的社会活动；狭义的体育主要指学校体育，是向受教育者传授健身知识、技能，促使身体发育成长，增强体质，磨砺意志，养成自觉锻炼习惯的活动，是全面发展教育的重要组成部分。

(2) 健康，健康的定义之一是生理、心理及社会适应三方面全部良好的一种状况。健康不仅是没有疾病和病痛，还包括躯体和生理的完美性以及良好的社会适应状态。

(3) 体育健康文化是指人们对体育与健康在社会发展和人的生命意义历程中的价值判断与方式表达。

(二) 重要性

作为广义的体育，其社会功能主要体现在六个方面：健身功能、娱乐功能、促进个体社会化功能、社会情感功能、教育功能、政治功能。作为狭义的体育，其主要意义和功能在于促进学生身心正常发育，增进健康。体育活动能够为骨骼和肌肉提供足够的营养物质，促进肌纤维变粗，肌肉粗壮有力，刺激软骨增生，促进骨骼生长；经常运动能使骨密增厚，提高抗弯、抗折、抗压的能力；体育锻炼可以促进血液循环，提高心脏功能，由于肌肉工作量的增大，必然需要不断增加氧气和营养物质的供给量并加速代谢作用，从而使心脏机能达到更高水平；体育锻炼还可以改善呼吸系统的功能，使呼吸肌发达，强壮有利，呼吸慢而深；体育运动可以调节大脑的兴奋和抑制活动，改善神经系统对各个器官的调节能力，使脑细胞得到合理休息，提高神经活动的灵活性和均衡性；体育运动还可以调解人的心理，使人朝气蓬勃，充满活力，提高人体对环境的适应能力以及对疾病的抵抗能力。

(三) 建设路径

(1) 设施文化建设。体育资源开发：体育器材场地资源；体育课程内容资源；当地自然体育资源；信息媒体体育资源。

(2) 师资文化建设。学生成长引导：培育体育教师品德；学习创新教育理念；培训专业知识技能；提升教育科研能力。

(3) 课堂文化建设。生命素养训练：体验科学锻炼对生命的价值；体验速度效率对生命的意义；体验自护防范对生命的呵护；体验互助合作对生命的回馈；体验人文精神对生命的激励。

(4) 课余文化建设。技能精神共进：组织有文化意蕴的两操活动；创办有文化内涵的运动会；创设文化娱乐型健身活动；建立文化信息型立体网络；开展文化休闲型研究性学习；训练文化特色型运动团队。

十三、餐饮卫生

（一）定义

(1) 餐饮文化是关于人们吃喝行为的文化现象。它贯穿于人类发展的整个历程，体现在各个方面、各个环节之中，通常菜品文化、小吃文化、庭席宴会文化、餐厅文化、服务文化和营销文化组成。餐饮文化是中华民族的特色文化之一，也是生活高雅、品位高尚的物质体现。

(2) 卫生文化是医疗卫生领域在长期的服务过程中逐步形成和发展起来的日趋稳定的独特价值判断、行业精神以及以此为核心而生成的道德规范、行为准则、服务理念等综合体现方式。

(3) 学校餐饮卫生文化是师生员工对校园餐饮卫生工作与学校发展和自身健康关系的认识态度和处置方式。

（二）建设路径

服务、管理与育人三结合是做好餐饮卫生文化这篇文章的必要事件。学校食堂作为给师生提供生活服务的地方，在实现服务功能的同时，必须发挥出育人的作用，实现学校的整体育人目标。

从育人的高度办食堂，必须淡化经济效益，强化服务功能。以教育的视野办食堂，让食堂成为学生健康成长的殿堂；以生活习惯为主进行养成教育，在一个人的健康成长中起着基础性、根本性的作用。学校食堂是一个看得见、摸得到的德育场所。发挥学生食堂的育人作用，就要通过理念的突破、制度的创新、环境布置和文化构建，加强对学生进行文明礼仪教育、行为习惯的养成教育、感恩教育和勤俭朴素的传统美德教育，用制度约束、文化浸润、行为引领促进学生健康成长。餐饮卫生文化建设：理念渗透、制度创新、环境布置、习惯培育。

十四、校友

(一) 定义

校友文化是指一所学校在长期育人活动中形成的母校和校友、校友和校友之间的情感维系、价值取向和沟通方式。健康积极的校友文化包含以下几个要素。

1. 学校精神

每所学校都有自身的教学特色，即学校文化。学校文化的形成受到诸多因素影响，如学校历史、设置专业、研究学术领域、培养人才方向等。因此，每个学校培育的学生，将来会在社会上贡献不同力量，这种表现形式，即为每所学校特有的大学精神。大学精神不仅在教师与学生行为中体现，也能够在校友文化中彰显其自身魅力。

2. 价值观念

价值观念作为一个群体，也是国家的文化命脉。良好积极的校友文化，离不开树立正确的价值观，要求学校要确立明确的教学规划和发展目标，学生要树立正确的价值观念，最为重要的是学校与校友建立一种荣辱与共的观念认识，产生良好的互动，让学校的教育开花结果。

3. 沟通网络

校友文化不可一蹴而就，需要在日积月累中形成。因此，要保持交流，需要进行多种形式沟通，如校友会、校友办公室、校友网、微信和 QQ 等，因此，必须从多个方面进行校友文化的传递与交流。

4. 校友活动

校友文化应该以多种形式在校园中开展，可以由学校组织，也可以由校友自己组织；不仅可以是学术的探讨，也是增进感情的良好机会。举办校友文化的目的在于让校友与母校增进情感，建立紧密联系，发扬学校精神，让二者共同进步。

(二) 价值

首先，学校培育的学生，毕业后代表学校的荣耀，学生能否对社会做出贡献，也是用于衡量学校教育的一把尺子。其次，学校的知名度，对学生的就业起到帮助作用。学校的先进技术和雄厚的人才资源，创新的科技能力，为人们的生活提供了便捷服务。最后，校友如同学校在社会上播下的种子，是学校未来发展的不竭动力。校友会在社会各个领域内贡献自己的力量，扩大学校影响力；校友是相比母校接触社会中，最为直接的群体，校友能够捕捉到时下最为准确的信息，并给母校做出最有建设性的意见，让母校能够把握时代脉搏，做出有效改革措施，并且学校的强大与否，也关乎校友的社会成就，二者相互依存，而且实力强大的校友，会通过捐资助学等方式，回馈母校。

校友活动，不能全部依靠母校组织，也需要校友社团发挥自身作用，将校友与校友之间联系起来。有实力的校友，可以捐资办学或者建立公司，成为其他校友的榜样，起到激励作用.这种校友活动，会促进学校与校友的感情，促进社会进步。组织校友活动，由此培育的校友文化，也将成为富有活力的时代文化。

（三）建设路径

1．培育在校学生的爱校意识和校友意识

对于在读学生，不仅要传授他们知识技能，还要将学校文化、优良的传统传递给学生，让学生对学校精神、理念有深刻认识；无论教授还是辅导员，都要关爱学生，加深学生与学校感情；培养一批人才，作为以后校友骨干，让他们在未来的校友活动中发挥关键性作用；学校要通过各种方式，如迎新活动、毕业晚会等，增进学生的校友意识；鼓励毕业生组成地方校友会，并帮助他们获取其他校友的联系方式等。

2．建设科学的校友工作机制和健全的校友工作网络

大力建设校友总会、地方分会。首先，建立班子，选用德才兼备、甘于奉献的校友，并且配套相关保经费投入。其次，利用校友之间媒介，如校友网站等，及时向校友反馈学校最新动态、取得的新成就，报道关于校友工作的进展情况。最后，要细化校友工作制度，在具体措施上下功夫，如使校友返校、校友捐赠等。

3．开展丰富多彩的校友活动，繁荣校友文化

校友活动共分为四类：一是加深感情交流。通过返校日等形式，举办校友会，向校友反馈学校的最新动向，听取校友的意见和建议。二是为校友提供就业相关讯息，并有针对性地开设课程等。三是服务母校，鼓励学生为母校提供资源，如捐资助学等。四是共同合作，如学校与校友企业进行多领域合作，实现共同进步。

4．大力宣传校友中的杰出典型，提升校友文化价值

校友在社会上取得成就，也是学校教学工作取得成功的一个缩影。校友的模

范事迹、为母校发展给出宝贵建设性意见，以及出资建设母校的行为，都能够激发其他学生的热情，让校友文化得以升华。因此，学校将这些校友事迹广泛宣传，并给予荣誉，让校友文化更好更快地发展。

校友文化要久久为功，更要推陈出新，要在鼓励校友参与基础上，提高活动品质，从而让校友活动更有意义，符合新时代下校友文化精神。

第五章　高职院校文化育人效果评价与方法建议

把握教育发展的未来趋势是制定文化育人策略的前提。本章围绕高职院校文化育人效果评价与方法建议，对高职院校文化育人的效果评价、方法与策略进行阐述。

第一节　高职院校文化育人的效果评价

一、文化育人的梯度目标

衡量学校文化建设是否有效，是否具有育人功能，基本衡量标准包括是否能够形成价值认同，是否能够实现品位提升，是否能够发生行为改变，其落脚点是否有助于人格形成。

（一）价值认同方面

文化认同是一种群体文化认同的感觉，是一种个体被群体的文化影响的感觉。虽然与政治认同有相似之处，但并不同义。文化认同，尤其是对外来文化价值的认同，足以瓦解一个国家的政治制度，一个民族的凝聚力；反之，本国人民对自身文化的强烈认同，既是该国自立于世界民族之林的伟大精神力量，又是使民族在激烈的国际竞争中立于不败之地精神支柱。同样的道理，一所学校的价值认同，就是师生员工学校精神的大旗下面，上下同欲，齐心协力，意气风发，斗志昂扬的精神状态。

（二）品位提升方面

品位，是指对事物有分辨与鉴赏的能力，文化的品味就是指一个人对意识形态所创造的精神财富的分辨和鉴赏的能力，通俗一点来说，文化品位应该是人们对周围事务的一种认知程度，是对生活中的事件有独特审视、辨别程度。在复杂的现实生活中，由于各人的知识程度不同，所站的位置不同，视角不同，对各种物质的审视欣赏的结果也不会相同。这其中就展示了不同的文化品位。

学校文化品位是否提升，重点要看以下几个方面：一是校园的整体文化规划建设是否有品位，具体表现为坚持了基本色系，处处精雕细刻、整理井井有条；二是校园的文化内容选择是否有品位，具体表现为遵循了学校精神体系，健康向上，催人奋进，耐人寻味，陶冶身心，沁人心脾；三是师生员工的言行举止是否有品位，具体表现为传递了学校价值取向，文明礼貌，乐观向上，和平友善，包容互助。

（三）行为改变方面

主要是师生员工的不文明行为得到改变，嘴不乱说，手不乱丢，脚不乱踩；文明行为得到提升，做到爱国守法、明礼诚信、团结友善、勤俭自强、敬业奉献。同时，基本的道德认识得到统一，以热爱祖国为荣，以危害祖国为耻；以服务人民为荣，以背离人民为耻；以崇尚科学为荣，以愚昧无知为耻；以辛勤劳动为荣，以好逸恶劳为耻；以团结互助为荣，以损人利己为耻；以诚实守信为荣，以见利忘义为耻；以遵纪守法为荣，以违法乱纪为耻；以艰苦奋斗为荣，以骄奢淫逸为耻。

（四）人格形成方面

人格是一个心理学术语，也称个性，这个概念源于希腊语，原来主要是指演员在舞台上戴的面具，类似于中国京剧中的脸谱，后来心理学借用这个术语用来说明：在人生的大舞台上，人也会根据社会角色的不同来换面具，这些面具就是人格的外在表现。面具后面还有一个实实在在的真我，即真实的自我，它可能和外在的面具截然不同。人格是一种具有自我意识和自我控制能力，具有感觉、情感、意志等机能的主体，它可以离开人的肉体，离开人所处的物质生活条件，而独立存在在人类的精神文化维度里。

人格主要是指人所具有的与他人相区别的独特而稳定的思维方式和行为风格，是一个人整体的精神面貌；人格是法律上做人的资格，不得转让和剥夺；民法领域的人格是指自然人主体性要素的总称。人格关系是自然人基于彼此的人格或人格要素形成的关系。人格要素是自然人人身不可分离的一部分，包括没有直接经济内容的要素，包括生命、身体、健康等物质性要素以及姓名、肖像、荣誉、名誉、隐私等精神性要素。

影响人格形成的主要因素有五个方面：一是遗传因素，父母的基因对子女的人格形成具有影响；二是社会环境因素，如果社会规范十分严格，人们倾向于遵从社会规范，如果不是很严格，人们的人格就相对自由发展；三是父母对子女的教育方式因素，包括严格型、溺爱型和民主型三种；四是自然环境的因素，不同的自然环境，也会对人的人格产生影响，学校教育中的环境育人依据即源于此；五是学校教育的因素，建立和谐的人际关系，培养良好的社会适应能力，正确的自我意识，乐观向上的生活态度，良好的情绪调控能力，积极向上人生观价值观，坚持快乐的生活、学习和成长。

在学校文化建设中培养积极人格的基本途径是引导师生员工保持开朗的心境，学会控制和调节自己的情绪，建立积极、健康的情绪状态；加强意志磨练，自觉主动地控制自己的行为，培养经受挫折的耐受力，不盲目冲动，不消极低沉，始终保持乐观的生活态度；注意性格完善，自觉检查修正自己的性格特点，培养健康的性格模式；养成良好的思维品质，培养独立分析问题和解决问题的能力；培养良好的情操，加强思想品德修养，树立科学的世界观、人生观，注重社会实践，提高自身综合素质；养成良好的生活习惯，保持积极乐观向上的生活态度；积极参加弘扬社会主旋律的公益性活动。

总之，评价文化育人是否有效，最终还是要看师生员工的精神状态，理想的追求目标是培育师生共同的生存文化——学习与成长；教师的生存文化——规范与创造；学生生存文化——愉快而刻苦；员工生存文化——在被尊重的环境中，辛苦但快乐；管理者生存文化——为师生员工出彩真诚鼓掌。[①]

二、文化育人的基本功能

（一）引领

文化是社会变革的内燃机。任何社会形态的文化，本质上不只是对现行社会的肯定和支持，还包含着对现行社会的评价与批判，它不仅包含着这个社会“是什么”的价值支撑，而且也蕴含着这个社会“应如何”的价值判断。人类社会发展的历史表明，当一种旧的制度、旧的体制无法进一步运转下去的时候，文化会对新的制度、新的体制建立产生鲜明的先导作用。蕴藏在新制度、新体制中的文化精神，一方面为批判、否定和超越旧制度、旧体制提供锐利武器，另一方面

---

① 马义荣．对高职院校培养高技能人才的思考[J]．中国高等教育，2004(11)：37-38.

又以一种新的价值理念以及由此而建立的新的价值世界为蓝图，给人们以理想、信念的支撑。因此，人类历史上新的制度战胜旧的制度，文化起到了导向引领的作用。

(二) 吸纳

文化是凝聚社会的黏合剂。文化虽然说是属于精神范畴，但它可以依附于语言和其他文化载体，不断吸纳有益于自身的其他文化，形成一种社会文化环境，对生活于其中的人们产生同化作用，为他们的价值观、审美观、是非观、善恶观涂上基本相同的“底色”，也为他们认识、分析、处理问题提供大致相同的基本点，还能化作维系社会、民族生生不息的巨大力量，教化人民，娱乐生活。在健康的文化建设过程中，文化可以增长知识，陶冶情操，愉悦人心，丰富精神生活。在社会文明家新设过程中，文化可以引领前进方向，凝聚奋斗力量，提升人的精神境界，推动事业不断发展。

(三) 发展

文化是社会常态的调控器。如果说新的制度代替旧的制度、新的体制代替旧的体制的过程，是社会处于非常状态的表现，那么，新的制度、体制建立后，社会在一定秩序中运行发展就是社会常态的表现。由于社会是人的社会，而每个人所处的环境、自身素质和精神物质需求又不尽相同，所以常态中的社会仍然会存在人与自然、人与人、人与社会等矛盾，而且还存在人自身的情感欲望和理智的矛盾。如果这些矛盾不能妥善解决，这个社会的常态就会被打破。从人类社会发展的历史看，人们解决这些矛盾常常采取多种手段，而依靠文化的力量去化解这些矛盾就是其中不可或缺的方面。这是因为，法律、理想、道德、礼俗、情操等文化因子，本身就包含着可以“做什么”和“哪些不可以做”，应该“怎样做”和“不应该那样做”的意蕴。所以，要化解人与自然、人与人、人与社会等种种矛盾，就必须依靠文化的熏陶、教化、激励的作用，发挥先进文化的凝聚、润滑、整合作用，通过有说服力的、贴近民众的方式，将真诚、正义、公正等文化因子潜移默化地植入民众的心田。只有这样，一个社会才能稳定有序，持续发展。

(四) 支撑

文化是经济发展的助推器。文化对经济的支撑作用主要表现在以下三点：

首先，文化的导向赋予经济发展价值意义。经济制度的选择、经济战略的提出，经济政策的制定，无不受到社会文化背景的影响以及决策者文化水平的制约。

文化给物质生产、交换、分配、消费以思想、理论、舆论的引导服务，在一定程度上规定了经济发展的方向和方式。

其次，文化赋予经济发展极高的组织效能。人作为文化的基本单元，不仅受文化熏陶，也依一定的原理相互感通，相互认同，从而形成社会整体。文化的这种渗透力是人的社会性的体现，它能够促进社会主体之间相互沟通，保证经济生活与社会生活在一定的组织内有序开展。

最后，文化赋予经济发展以更强的竞争力。经济活动所包含的先进文化因子越厚重，其产品的文化含量以及由此带来的附加值也就越高，在市场中实现的经济价值也就越大。

第二节　高职院校文化育人的方法与策略

一、文化育人策略

学校教育构建文化育人可行的合理策略是整合。“整合”是对当前中国学校教育在现实状态中走出复杂困境、创造新的文化规范的行为策略的概括，它植根于当前情境，着眼于文化育人，旨在推动学校文化与社会文化的改造和重建。

（一）着眼国际视野，实现多元统一

今天的教育已经置身于现代化与信息化重叠的全新时代，要打破单一的、固有的主流性文化囚笼，实现文化融合必须有国际化视野，善于用辨证眼光，利用批判性方法，多角度分析，在通过结构化加工，从而形成有机体。做到多元素文化相结合，扫除各个文化之间的屏障。要求同存异，通过运用一种解决问题方法，达到合而为一的目的。

学校文化整合，需要通过两个方面完成。第一方面，要树立鲜明的文化价值观，因为学校价值观能够反映出人类生存发展的需要，是学校内的一个缩影，而且对人才的培育有直接影响。第二方面，建立学校文化总框架，然后具体到每一个层面，填充每一部分，从而结合教学活动，将文化育人的理念融入其中。因此，这是一个循序渐进，由整体到部分、由理论到实践的过程。学校文化生成也同样遵循这一过程。

为了对现有的社会文化进行改造和实现真实意义上的整合，需要遵循如下几

个基本原则。

1．取舍

用批判性的眼光，对目前的各种文化进行剖析，挖掘它们的价值，取其精华，去其糟粕，尤其是在文化育人的过程中。目前，我国涌现出许多不同的文化现象，为文化育人的发展提供丰富土壤，但也产生了许多问题。

多元文化的选择十分重要，要在多种类的文化之中进行取舍，但是文化相对主义并不能给出合理的解答，因为它是作为研究不同文化间的合理与共存。进行文化整合，需要分析判断，对文化存在的合理性及文化历史、发展轨迹以及现在状态进行综合性分析。如果出现问题，需要分析问题。另外，必须符合人类健康发展这一准则，作为判断文化价值的根本。只有通过上述评价，才能掌握文化特点和价值，并加以取舍，创造更好的文化。

2．综合

首先对各个文化进行分析和评价，然后进行综合整理。利用相关结构，采取一定方法达成；主要是分析文化中的特质，作出结构分析并判断，两者之间关系，将各种文化之间可能产生的关联排列出来，使它们共同处于一个层面，加以定位，聚合优势，形成一种新文化。

3．转化

取舍与综合是对于新文化的产生而言，是一种理想化的生成模式，并非是目前学校文化的来源。要克服这一问题，需要从两方面入手。第一，将社会文化渗透其中。根据学生的不同年龄，不同阶段需要的知识，有针对性地因材施教，不仅要从书本上，也要从实践中获得，要紧扣时代脉搏。社会发展的需要，让学生的学习活动与社会的新形势、新变化相适应，育人的方式应当由外向内转化。第二，建立双向机制，让学校文化借助时代主流文化的势头，共同发展。只有这样，二者才能相辅相成，一起进步，学校文化也会更有竞争力，实现完美转型。

（二）发展校本特色，培养文化个性

学校没有属于自己鲜明的风格，即个性，这是普遍存在的问题。通常，学校将特性认同为强项，并且将它呈现出来，认为这是自己的特色。

学校的个性，就是文化个性。中华人民共和国成立以来，学校教育和发展取得长足进步，但不可否认的是，受到文化单一主流束缚等环境条件，使得办学缺

少自我伸展空间和个性发挥。所以，校长创新意识被磨灭，或者会滋生不思进取的心态，让学校风格和特色无从谈起。

学校变革与发展，一个敢于创新敢于和时代争锋的校长，才能办出一所独特的，有自己风格的学校。所以，校长的能力和水平，气度和胆量，确实能够影响并体现在学校的各个方面。但仅凭校长一己之力，不能够做到对学校文化个性的养成，还需要全体师生共同努力，不仅体现在办学理念的精神层面，也体现在具体的教学活动中，二者缺一不可。

学校文化个性主要源于校领导对学校发展的把握和培养，主要体现在以下方面：对社会发展的敏锐洞察，对新时代下大学肩负的使命思考，对学校师生的需要与渴望的了解。在此基础上，结合本校办学实际，肩负文化使命，实现理想、文化个性建设。

要实现办学理念，学校文化追求并非单方面的个人成功，这是教育变革的成果，所以离不开全体师生的共同努力。要将这种理念落到实处，创造性地应用到教育的各个方面。鼓励师生积极参与，让他们献言献策，不仅对学校文化个性的形成起到良好的促进作用，也可以帮助在发展中克服问题，还能够增加全体师生的热情。

学校文化个性是一个多元化、全方位建设。要做出详细周密的行动规划，如鲜明的具有文化个性的校训等，包括学校结构、风格设计，教室内外布置、走廊设计等。这些是最表层的文化个性体现，也是最直观最能够让人体会学校自我风格的一种形式。对于内在要求：制定相应的学校制度等。学校文化个性，最有说服力的在于师生所表现出的状态、言行、和举止等，还有在各种教育活动。因此，学校个性能够反映学校的教学活力、教学质量，也能够反映学校的管理水平，是将这种文化精神实质化的一种过程。如果做不到这一点，会导致理念追求与实际行动相冲突，变成流于形式，残缺的、不完整的学校文化。

因此，文化个性不能依靠包装完成，也不能应付完成硬性指标而糊弄，也不是将其视为课程内容等简单的方面。校领导必须高度重视这一问题，涉及办学根本，因此必须由教师和学生共同参与。

（三）把握发展趋势，开放校园民主

把握教育发展的未来趋势是制定文化育人策略的前提。就目前形势分析，普通教育科学化、个性化、心理化、信息化、综合化已经是大势所趋，并且潜移默化地渗透在人们的办学育人实践之中，文化育人策略如果忽视了这一趋势，引领是没有资格的，落后更是可能的。职业教育应当做到企业文化进校园，专业文化进教材，职业文化进头脑，这也是文化育人的基本要求。除了基本把握住了时代

发展趋势，还要运用好开放民主策略，立足各自的办学定位，锁定既定的发展目标，突出自身的文化特色，积极倡导创新精神、法治精神、人本精神，大力提倡效能观念、课程观念、快乐观念、发展观念，研究制定出具有校本个性的文化育人策略。

二、文化建设方法

（一）教育与文化相结合

文化有两种属性：商品的一般属性和意识形态的特殊属性，而教育的本质属性就是根据一定社会需要进行的培养人的活动，或者说是培养人的过程。一方面，从受教育者身心发展变化来看，教育是发展，是生长，是对生活、环境的适应，是经验的积累与重新组合，是个体社会化的过程；另一方面，从教育者的角度来看，教育就是向下一代传递民族的传统文化，培养社会发展所需要的建设人才。教育活动是教育者和受教育者活动的统一，其中最根本的任务就是要促进受教育者身心的发展。文化与教育的结合点就是——开发人的潜能，培养人的素质，提升人的境界。

（二）坚持文化育人基本原则

文化育人需要坚持的主要原则有贴近实践，贴近生活，贴近师生，全员参与；还有立足教育教学，服务教育教学，引领立德树人等。文化育人是一项系统长期的战略，还需要坚持系统思考，整体规划，分步实施，持续改进的原则。

（三）培育文化育人大环境

文化育人需要的大环境包括尊重劳动、尊重知识、尊重人才、尊重创造；还包括鼓励探索、扶持原创、宽容失败、积极健康、宽松和谐。

（四）制定文化育人相关制度

把文化建设纳入依法治校、依法执教体系，列入学校发展总体规划，着眼于资源培育，从项目规划、专业论证、学校审批、设计制作、审核把关、建设施工、质量验收、资金支付到善后服务，进行全过程管理。效果评价、质量评比都要制定相应的制度，这样保证文化育人事业健康规范发展。

（五）划分好任务层次

在整体规划的基础上，对文化育人的任务进行适当区分，学校要把握整体规划和风格特点，重点建设公共区域文化项目；其余项目由各系部和部门按照职能划分，分区承担，学院依据程序指导管理，把建设过程作为思想统一、认识升华、品位提升、行为转变的实践过程。调动积极性，发挥主动性，业绩共创，成果共享，责任共担。

（六）成立文化建设专业部门

学校应该在学术委员会下面成立文化建设专业委员会，制定学院文化建设章程，专业委员会按照章程履行文化建设业务职责。逐步探索行政决策、专业把关、各司其职的文化运行机制，尊重文化建设的专业规律，确保文化建设的品质、品位，提升文化建设的效率、效益，力求文化建设能够符合现实需求，耐得住后人评说，经得起历史考验。

（七）需处理好的各项关系

1．统一与分工的关系

学校文化建设是一项系统工程，应该成立专门的建设领导小组，由主要领导统一指挥，建设小组技术把关，部门单位分工合作，整体规划，分步实施。

2．结构与结果的关系

学校文化体系的基本结构是精神文化、物质文化、制度文化和行为文化四个板块，对照学校内部教学区域、实训(实验)区域、文体区域、生活区域和党政管理区域的功能分区，结合各自分区的业务特点进行规划设计，才能实现全校文化生态既主题鲜明，又丰富多样的目标，由此让结构决定结果。

3．责任与效果的关系

学校文化建设是一项全员、全方位、全过程的建设工程，其梯度目标是——由价值认同到行为改变，由行为改变到人格形成。文化责任人人承担，文化成果人人共享。根据学校组织结构设计，从岗位到班组，从班组到系部，从基层到机关均要承担相对应的文化建设责任，由此让责任决定效果。

4．合作与成果的关系

学校文化的系统性决定了合作的必然性，学校的教育性决定了文化的统一性，育人的长期性决定了文化的完整性，只有分工基础上的合作，分散基础上的集中，才能出效果，出效益，由此让合作培育成果。

5．蓝图与行动的关系

各个岗位、班组、单位、部门在分区任务完成过程中既要发挥责任单位的创造性，又要坚持学校把关的原则性，按照规划先行，蓝图审定，加工制作，布局安装，效果验收的流程保证建设质量。

第六章　新时期高职院校文化育人创新研究

高等教育学校所形成和发展的文化理念，是所有文化内容最核心的成分。本章围绕新时期高职院校文化育人创新研究，论述新时期高职院校文化建设的基本着力点，对高职院校文化育人的主要效应、载体建设及其价值进行探讨，研究基于高技能人才培养的高职院校文化建设。

第一节　新时期高职院校文化建设的基本着力点

一、文化价值观建设

文化价值观指对文学的理解和观念，是高等教育学校对文化有更加透彻的理解，正确对待文化理念，是将文化摆在正确的定位上。

学校发展的文化背景属于历史发展的文化背景，在当今社会中，学校的文学发展超过其他行业的文学发展。所以，学校成为文化延续发展的核心载体，同时学校的综合实力体现取决于文化观念的传播。观察学校本身的成长过程，高等教育学校所形成的文化，对老师和学生能够产生指导和培养功能，文化理念能够加强全校所有师生之间的亲密关系与和谐共处关系，也是学校茁壮成长过程中的强大力量。

学校为社会提供的服务，就是培养一批又一批优秀人才，因此学校所形成的文化理念起到至关重要的作用。但是，现在的高等职业学校存在很多弊端，主要是因为其成立时间不长，没有浓厚的文化底蕴，不公平地对待文化事业活动，并且高等职业学校没有将文化事业的活动列为重点工作内容，举办学校文化活动的目标不够明确，还没有创建自己的特色文化，更不可能为社会甚至为国家的发展贡献自己的力量。

因此，学校应该坚持应用社会主义核心思想，用社会主义核心思想指引高等职业学校所举办的文化活动。从世界角度进行观察，经济危机激起人们自我反思以及分析各国文化交流所遇到的问题，每个民族之间综合实力的比较，已经转化为每个民族之间文化软实力的比较，促使每个民族繁荣强大的核心力量，是要保有根据自身情况树立远大目标的文化思想和意识。

社会主义核心思想是镇国之宝，指导社会主义文化活动。但事实上，大多数高等职业学校在成长过程中，还没有完善自身文化管理以及文化理念，通过文化活动增强文化涵养，明确未来要达成的文化理念，创造属于自己独有的文化管理机制，是高等职业学校创建文化活动的最终目的。

在高等教育学校的创办中，如果应用社会主义文学思想，需要在高等教育学校创办中，遵从马克思主义思想，用马克思主义思想认识世界和引导文化交流与传播，并且马克思主义思想的最新研究结论被用于指导全校所有学生和老师关于文化活动的工作内容；通过社会主义思想的应用与传播，将学生和老师团结在一起，激发更多的内在力量和师生爱国主义精神，并将这些思想和积极的意识落实到实际行动中，将学校服务理念和未来发展方向与社会主义思想相结合，通过应用社会主义思想，指导学校氛围与气息，营造老师和学生都认可的文化理念，是学校的核心文化理念；学校所倡导的文化氛围，是师生共同期待的教学环境。

二、文化管理体制建设

文化机制改革是高等职业学校根据文化理念以及文化管理所做出的体制改变，也就是说，将管理方法加以实践，通过行动表达出来。高等职业学校的文化机制改革包含相关组织部门之间的沟通与合作，文化活动的举办以及学校氛围的营造，每个部门权利和义务的明确及界限划分，人身安全与财产保护，各个环节结果的测评，文化机制改革的完善与所体现的价值和意义等。文化管理体系是一个长期改进和修整阶段，每个学校都有自己独特的文化管理体系，高等职业学校正处于过渡时期，一些文化管理制度还没有成熟和完善，没有达到符合新阶段文化发展标准。因此，高等教育学校的文化理念与学校成长需求不相一致，基本体现在两个层面。

（一）对文化管理体制机制建设的认识不足

很多领导者认为文化活动是针对学生所举办的娱乐活动，根本和管理制度的创建没有任何关系，相当于片面对文化管理制度作出否定评价。

（二）管理理念跟不上形势需求

大多数大专院校上升为本科院校，其管理制度还没有达到成熟。例如，部分院校只是简单地参照其他高等学校，没有通过系统科学的实践，创造出自己独特的管理制度，还有部分学校遵循自己的管理制度，最后没有达到教育改革对管理制度要求的标准，甚至一些学校将管理理念设置成思想教育课程，造成这种现象的原因是一些院校成立的时间较短，很多管理制度还没有完善，没有达到成熟阶段。

在进行管理制度的改进过程中，首先要明确管理制度所体现出来的价值和作用，将管理制度的改革和提升列为重点工作内容。一般情况下，大专院校的学生是由中专院校毕业的学生以及没有参加过国家统招的学生等组成，早期的管理制度已经无法达到现在教育需求。所以，应该创建一个系统完善的管理制度，从学校角度观察，要创建相对应的管理部门，明确部门职责和义务，继续设计文化活动的举办方案，以及举办学校文化活动的目的和详细的活动内容等，将所设计的方案具体工作计划分配到相对应的工作部门；还要促进文化活动的推广工作以及如何推广分析工作，促进工作人员，尤其是管理者对于文化精髓和形成理念有着更加透彻的理解，为举办文化活动及完善管理体制打下坚实后盾。

网络信息技术全面发展，文化管理制度的发展应该结合网络媒介加以运用。因为高科技具有的优点包括效率高、关联性非常强等，降低了时间成本在文化管理方面所涉及的范围。近些年，由于教育改革，其发展方向也发生了本质改变，由以前的学校数量的达标到目前以其内在核心成长为主。文化活动在高等职业学校中被学生和老师高度重视，将高科技与文化管理制度相结合，促进文化管理制度的多元化建设。因此，文化活动的创办数量会越来越多，文化活动所体现的价值和意义会更加显著，结合网络技术的文化管理工作，将大幅度提升工作效率。

三、文化载体建设

文化，根据其意义和含义，需要通过传播媒介体现，大学学校的文学发展，传播媒介对文学中心思想的体现、经典文化的讲述等有着至关重要的作用，应用各种传播媒介，加强文化影响力，有着相同目的的高等教育学校要使学校氛围更加浓厚，要使文化体现出其价值和意义。

（一）学校价值体系

学生和老师所共同认可的文化理念，才是学校核心的文化理念。文学理念是学校的作用意义、近期目的、管理制度的集中反映，也是促进学生和老师之间密切相处和心理力量的重要原因。学校功能和意义的体现以及学生和老师之间情感表达与交流，都需要使用传播工具，这种工具从文化层面来看，是在历史文化背景和学校独有文化理念相结合的情况下，根据学校的办学特色，创建学生和老师共同期待的教学环境，完成共同设定的教学目标，形成师生之间关系融洽、密切相处原则。因此，高等教育学校创建的传播工具，是以文化理念为前提。

（二）环境文化

高等教育学校所形成和发展的文化理念，是所有文化内容最核心的成分，文化的设立，实际上是要展现学校文化理念和内在状态以及为学校增添新的力量。如果高等教育学校具备浓厚的文化底蕴，会在学校氛围营造过程中，产生自己独有的文化气息和外在形象，影响学生和老师的思维方式和行为习惯。高等教育学校在创建文化氛围时，一定要合理规划外在形象以及师生内在素养的优化。总之，要体现出学校文化理念和学校发展方向以及对学生培育规划，达到学校外在景观与人文思想相统一以及相融合的状态，完成培养人才的目的。

（三）网络文化

如今，网络媒介已经被认为是文化交流与推广的主要载体，而且符合社会发展的各项指标。所以，高等教育学校应该认可并使用这项技术功能，以达到目的。高等教育学校创建网络媒介需要采取的方法：①提高成本，开发新技能，使学校文化尽快融和到网络平台上；②增加文化创建的网络媒介，将学校各种文化通过网络平台所使用的形式展现出来。

（四）活动文化

学校组织和文化有关的活动，是学生和老师将学校文化理念体现出来的方式，学校不定期地组织各种形式的文化活动，创办内容与形式尽可能地让每个人都能参与其中，使学生不仅减轻学习压力、放松心情，而且增加学生的自我认同感。高职院校所举行的文化活动，主要及常见的方式是一些社团活动，因此，定期改进和完善活动的管理制度，创建新的活动方式，会有更多的学生参与，达到创办文化活动所要实现的目的。

四、特色文化培育

（一）适应文化传承

每个行业都要进行创新和改革，尤其是大学，大学有权利和义务培育一批又一批优秀的学生，将我国最新的文化理念继承和发扬出去，通过创新和改进最新文化理念，促进学生和老师修正自己的行为以及坚定心中的目标和信仰。因为它能够促进学生和老师之间的关系更为和谐与亲密，也是培育全能型人才至关重要的知识内容。在社会快速发展、个性化特点成为主要需求点的今天，掌握最新的文化理念是评估学校综合实力的主要标准。因此，大学院校应将先进的文化理念当作文化建设的坚实基础，满足社会发展需求，加强自身综合实力建设。

(二) 学校、社会和文化发展有机结合

高职院校的创建与成长的一个核心目的是满足社会需求、顺应时代发展。无论任何院校，其成长都离不开所属国家和社会的发展，大学院校培养出来的人才顺应时代发展和符合社会需求，高等教育学校为社会贡献的力量，是为社会培育能够满足社会所需的优秀人才。

每个民族区域都有自己独特的文学背景和地方习俗，高等教育学校综合实力的提升，能够推动当地经济发展，同时影响和管理当地人群，这表明高等教育学校与所在地区的文学水平相辅相成的关系。每个地方的独特文化养成，都是在高等教育学校的综合实力与当地经济水平相互融合的实践过程中逐渐形成。高等教育学校与当地经济实力呈现正比，息息相关。

(三) 做好定位，统筹规划，系统实施

文化独特性的养成不是一朝一夕就能实现的，第一步要确定文化特色所处于的位置，明确目标和定位，通过实际行动加以落实。高等教育学校的成长仍然处于过渡期，要先确定努力的方向，体现出具有特色的教学观点，促进教育改革的完成，特别是要借鉴以往成功创建学校的观念和其他办学观念，以及不断总结和归纳自身通过实践得出的结果，将办学的成功经验以及独创的文学理论进行传播，为更多的办学单位提供参考。总之，在创建学校过程中，要形成学校独有的特色文化和办学理念，激发自身潜力和利用各种资源完成文化特色的建设。

第二节　高职院校文化育人的主要效应分析

高校文化育人应当具有价值引导、目标激励、精神凝聚、风尚引领、品格塑造、行为规范、素质涵养、身心陶冶的效应。

一、基本概念

(一) 校园文化

“校园文化”最早是在学生中兴起并提出的。1986 年 4 月，第十二届学生代

表大会在上海交通大学召开，校园文化建设作为一个重要的议题被提出，几位候选人也不约而同地把推动校园文化建设作为竞选纲领的重要内容。1986 年 4 月，华东师范大学、上海交通大学、复旦大学等先后开展了“校园文化建设月”、校园文化艺术节等活动。同年 5 月，“校园文化理论研讨会”在上海举办。至此，“校园文化”成为我国学术界的重要研究对象。

广义的校园文化是在学校实践过程中一切物质财富和精神财富的总和。狭义的校园文化是指校园精神艺术活动或课外活动等等。根据校园文化的产生和发展过程，可以将校园文化看作在校园地理空间内，在师生的实践过程中形成的具有鲜明特征的文化形态，如校训、社团、校园环境等。随着研究的深入，学者们把学校方方面面的内容都纳入到校园文化的范畴内，致使校园文化的提法不足以满足研究的需要，于是学者们提出学校文化的概念作为校园文化的发展。

（二）高校文化

校园文化丰富多彩，而学校文化作为其升华，被不同学者赋予不同意义。有的认为学校文化是继承原有共同价值体系、理想和行为准则，共同遵守和同化；有的认为学校文化是一所学校稳定、特色办学理念、文化价值、学校精神的总和；还有的认为学校文化是老师和学生需要共同遵循的价值观念、规章制度、办学思想、行为传统和规范的总和，也是物质载体和行为方式。虽然对学校文化的想法各有不同，但其核心离不开学校的价值观，学校在不同时期可分为幼稚园、小学、初中、高中和高校。在这里高校文化是从属于学校文化，是在学校发展过程之中，观念形态和文化形式所形成的价值总和，主要包括行为准则、思想观念、学校形象、规章制度、学校精神和道德规范等。高校文化由外到内，可分为新文物质文制度文化和精神文化。

（三）高校文化育人

文化育人一词的来源，可追溯到《周易》的《贵卦・象传》，“刚柔交错，天文也；文明以止，人文也。观乎天文以察时变，观乎人文以化成天下”，按字面意思理解，即用文化来培养、教育人。胡锦涛总书记在清华百年校庆大会上指出：“高等教育是优秀文化传承的重要载体和思想文化创新的重要源泉，要积极发挥文化育人作用。”国内关于高校文化育人的研究起始于 20 世纪 90 年代，到目前，历经多年，取得了丰硕的研究成果，但学者们并没有明确提出高校文化育人的概念，只是在探讨文化育人时，通常将其放置在高等教育内，或与学校连接在一起，隐含了高校文化育人这一概念。例如：章兢、何祖建认为高等教育的最高价值在于培育全面发展的人，文化育人作为素质教育的一种模式通过文化价值等各种非智力因素以有机整体的面貌介入，共同构成对人的成长成才发挥推动促进作用的内在动力因素，从而达到“文而化之”的目的。张影指出高校要把文化作为载体和手段，使培养对象形成正确的、科学的人生观、世界观与价值观，形成健全完善的人格和品格。朱庆葆指出大学要将自身生产和保存的核心信仰、艺术、道德、知识等精神文化和制度文化传递给学生，将体现大学精神和人文主义的自由、民主、独立等传染给学生，也就是以先进的文化熏陶人，以高尚的精神塑造人，以崇高的理想引导人。但高校文化育人究竟是什么？事实上，高校文化育人是指作为文化育人的主体，高校致力于运用文化的力量，培养具有坚定的理想信念、正确的世界观、价值观、人生观，良好的道德品质和全面的综合素质的学生的过程。它更强调的高校用文化能动的培养学生的过程，并不仅仅将文化限定在学校范围内，也不仅仅关注文化自身，而是将高校、文化与育人联系起来，实现三者的有机统一。要明晰其概念，揭示其内涵，可从以下四个方面说明：

1. 高校是文化育人的主体

高校文化首先要具有文化育人的理念和自觉。改革开放是高校出现功利化倾向的转折点，在一定程度上，人文精神陷入低迷，文化具有一定程度的缺失和衰退，不但严重影响了教学质量，也对社会持续有利发展有着不良影响。所以，文化对于人是唯一能够转变这种不良现象的选择。

高校需要有计划和目的地进行文化育人，例如激发活力、增强魅力、挖掘资源、探索机制模式和文化育人格局，是高校需要承担的使命。高校需要具有把握方向的能力，文化有好有坏、有新近有落后，而高校责任是把握教育方向，再利用优秀的文化培养人。总的来说，高校需要具有中国特色社会主义最先进的文化，还要有国内外文化成果和传统优秀的文化相结合，对人才进行培养，要注意去其文化的糟粕。

2. 文化是高校育人的载体

高校的本质属性是文化，是拥有浓厚文化底蕴和文化积淀的社会组织，也是文化保留、传承、生产、创造根基。文化如同高校命脉，具有这种文化优势，高校才能吸收更多文化，促进文化的产生影响。文化是育人的载体和根基，所有高校都离不开文化，学术研究和教学活动更是以文化为基础。文化并没有一个特定统一的概念，但却能够表达最广泛的文化，是人类一切精神和物质财富的总和。按其性质，可以分为落后文化和先进文化；按其地位，可分为亚文化和主流文化；按其人群，可分为大众文化和经营文化；按其时间，可分为现代文化和传统文化；按其地域，可分为外来文化和本土文化；按其构成，可分为行为文化、制度文化、精神文化、物质文化等。

3. 学生是高校文化育人的主要对象

文化育人是高校职责，是围绕“促进学生全面发展”的目标进行；高校是一个成才的场所，更是一个以人为本的思想体现。近年，学生们的整体思想出现了信念缺失，学生的人生观、世界观、道德、综合素质等一系列下降，这是社会问题，这时的文化育人应该更加注重学生本身、培养学生坚定信念、提升道德品质、引导学生拥有正确的价值观、人生观和世界观，从而提升整体素质。

4. 育人是高校文化的目的

高校文化和属性决定文化育人才是其最终目的。一系列高校行为都是为了育人而服务，不仅要培养学生三观，还要传授知识，提升综合道德品德素质，使文化和教育联系紧密。在西方文化中，这一词也有动词培养、耕作之意，可见，教育是文化的一个功能。高校作为教育的重点场所，更是需要把文化的功能发挥到极致，从而实现文化人的目的，争取做到高校作为主体、文化作为载体、主要对象是学生、主要目的是育人。

二、高校文化育人的四个特性

研究高校文化育人，是因为其在育人方面具有特殊性。高校文化育人的特性有以下四方面。

（一）隐性育人和显性育人的结合

高校的文化育人，不但要从理论文化因子和物化文化因子两方面进行入手，包括看不见的风气、心里、舆论、传统、学校气氛等。看得见建筑、画像、雕塑等直接影响学生。在教育形式上，高校可以采用直接、间接的形式，比如用渗透和熏陶学生气质、精神和意识，也要有直接讲座、课程知识竞赛等提高水平。在发生机制层面，通过无意识地心理反应、通过主观吸收达到育人目的。在结果上，学生也许并不能短时间改变，但通过长期影响，会收到显著效果。

（二）感性育人和理性育人的结合

感性和理性相结合的育人方式，主要表现在两方面：一方面学校通过直接的感官刺激，让学生感性认识，又要通过系统的深层文化，发培养学生的理性认识；另一方面感性是面对学生，让学生深处文化之中，通过感知形成潜移默化的影响和渗透。理性是针对高校，是培养人才的终极目标，把握方向，探索教学规律，通过内外共同推进文化为人服务。

（三）核心育人和整体育人的结合

高校文化于人的本质表现为精神文化的价值观。高校在其中具有作用力和感召力，能够引领三观。所以育人的核心是文化，文化的核心是价值观。高校的文化育人是将制度文化、精神文化、行为文化和物质文化作为一个整体。这样，高校不但要引领学生三观，更要提升学生的综合能力全面发展。整体育人指用整体的文化进行育人，也指育人整体的素质。

（四）差异育人和综合育人的结合

不同文化具有不同形态，能够培育出不同的个性学生，即所谓差异育人。不同高校也许能够培养出不同文化烙印的学生，比如军事院校和女子院校，培养出各具特色的人才，但即使是同样的文化，因为自身素质不同，对文化的接受和感知也不尽相同。高校能够融合多种技法和板块，把文化进行融合，培养出通识性人才。

三、高校文化育人效应

“效应”的定义是：化学和物理反应的后果，还可以解释为事物变化造成与之关联的状态变化。在人文社科领域中，效应是某一心理和社会现象的改变而造成与之相关事务的改变。育人效应是在教育中，用恰当的手法和契机，合力把握教育方向，使之产生有价值、良好的实践效果。

文化育人效应在高校中，指通过文化作用，让学生实现素质改变，从而达到教育目标。从文化和高校两个角度同时出发，挖掘高校育人的方式方法；其他效应是从学生品格、身心、行为、精神风貌等方面产生。

（一）价值引导与目 标激励

文化有着多样性，正是因为不同，文化有好有坏，价值观有错有对，高校作为文化会议区的中心，学生能够接受多样文化和价值取向。有的学生也许会受到不良文化影响，出现价值偏差。高校的作用就是通过把握核心价值观，打击和消除不良文化影响，正确引导学生做出判断。

文化是精神和物质财富的总和，不但能够为人们提供智力支持，也能够提供物质保障。高校可以通过轻声和物质激励，激发学生的积极性和进取心，为中国的伟大复兴事业做出贡献。

（二）精神凝聚与风尚引领

文化由价值观念、思维方式和生活理想共同组成。这些文化具有冥界力、向心力、推动力。高校通过精神有意识地把个体聚集起来，凭借自己的优势，树立新的社会风尚，通过赞扬和肯定，宣传真善美，通过批判和否定，引导学生取其糟粕。

（三）品格塑造与行为约束

文化是艺术、习惯、道德、习性和能力的复合体。在传承过程中，文化不断塑造人的道德品质，也把这种来自固化的知识，塑造出动态的文化人。通过这些知识人们可以塑造品格，人与人之间的品格也会相互影响。所以，高校最重要的社会组织之一，是在传授和交流之中，秉持价值观念、遵纪守法、遵守道德规范等，对人们进行约束；明确社会上不可以做的事，引导人们正确的价值导向，约束学生行为。

（四）素质涵养与身心陶冶

“文化”一词在西方有动词之意，也被认为是人类精神和身体的训练。其中包含经验和知识两种素质。任社会能力的提升都必定伴随文化的发展和进步，同时又能解放人的能力，慰藉心灵。高校应该在传递经验、开展文化活动、传授知识和发展文化之中，让学生潜移默化地陶冶身心，提高素质。

四、高校文化育人效应理论依据

挖掘文化育人理论依据，为高校文化育人提供理论支撑，是高校文化育人效应及其实现研究中的重要问题。文化育人作为古今中外延续不断的实践活动，可从中国传统文化、马克思主义先进文化以及思想政治教育学科中寻找理论依据。

（一）中国传统文化

我国传统文化中文以载道的教育思想最早可追溯到《诗经》中的德音，如《小雅.鹿鸣》中的“我有嘉宾，德音孔昭”，含义是神圣庄严的话语，特别是指先王的命令，具有约束教化臣民的作用。随着进一步的流传，德音更多地与文学联系起来，具有道德伦理的意义。古代文论《文心雕龙》中的《原道篇》多次出现“德音”，并指出“文之为德也大矣”，即文章的本源是道德，是圣人进行教化的工具。

其后，唐代文学家、思想家韩愈提出了“读文著书，歌颂尧舜之道”。韩愈门人李汉指出“文者，贯通之器也”。柳宗元也提出：“文者以明道”。周敦颐继承了前人“文以明道”“文以贯道”的思想，在《通书·文辞》中明确指出：“文所以载道也。”在古代，文以载道的文是指文章、文论、文学等，道是指儒家之道，文以载道的目的是为了教化臣民。文章、文论、文学作为文化的具体表现形式，承载着伦理道德观念，文能够载道，故文化能够育人。

（二）马克思主义

马克思主义是科学的世界观和方法论，其内容涵盖了自然界和人类社会，涉及政治、经济、文化、军事、历史等诸多领域。其中，马克思主义的文化观，剖析了文化的社会形态、结构和功能的机理，揭示了文化起源、文化生产和文化发展的规律，论述了文化的内部构成、实践品格、民族特质等规定性，并指出：文化起源于物质生产实践，并通过文化积累，形成获得性遗传因素，优化人的心智。马克思、恩格斯指出，文化具有记忆和存储社会历史实践经验的功能，文化的复制、传播和交流，能够使社会信息的传递，突破空间和时间的限制，超出个人直接经验的范围，把过去、现在和将来，把直接经验和间接经验都连结起来，整合为“传统”“遗产”，成为新一代人乃至人类的实践活动的土壤，并以获得性遗传的形式推进人心智和能力的提高。文化之所以能育人，是因为其具有固化、储存、加工、传递社会信息功能，个体能够在社会实践中，不断的获得这一遗传密码，并最终影响个体的发展和人类社会的前进。

（三）思想政治教育学

思想政治教育学认为：环境和情境对人的思想品德的形成和发展具有重要影响作用，并制约着思想政治教育实践活动的效果。教育者要将思想政治教育寓于环境和情境之中，尤其是情感之中，催化、推动思想认识的形成，引发受教育者的情感共鸣，使受教育者在自由、民主的氛围中被感化、感染。教育者可充分利用环境或情境隐蔽性、无意识性、非强制性的特点，选择环境中积极的因素，以渗透思想政治教育为目的，促使受教育者产生积极、健康的情感，形成良好的思想政治品德。同时，教育者要注意规避环境中不良的因素，并注重环境和情境的创造、设计和建设，有效地对教育者进行渗透、熏陶和感染服务。高校文化育人实质上是高校利用文化环境、创设文化氛围，在潜移默化中熏陶感染学生的理想信念、世界观、价值观、人生观、道德品质、综合素质等等，是思想政治教育学熏陶感染思想的直接体现和运用。

第三节　高职院校文化育人载体建设及其价值探讨

一、载体形态

关于文化的“育人载体”特点，包括文化知识、信息两个方面。这样的性质是育人要素的物质组成，也可以说是理念来源。高职教育本身包含两个属性，而且二者并行存在。关于高职教育的理解主要在：“培养生产、建设、服务、管理一线高端技能型专门人才”方面。从上面这些因素可以看出，高职院校要实现文化育人，需要达到院校、企业、社会三者高度融合，归纳。这些结合所体现出来的特点是：院校文化形态、校企融合文化形态、社会裸文化形态。下面将对于这些特点进行具体描述。

（一）院校文化形态

院校文化形态是育人载体。这个方面特别强调高职院校独特文化内涵对于教育的作用，包括两个部分：①传统的物质形态育人载体。内容展现在彰显办学特色的校园主体建筑风格、表示校园文化的园林建设、彰显学校办学理念的名人名言和校训、校旗、校徽、校歌等；②现代非物质形态育人载体。特别强调网络作用，借助网络的良好性能进行传播，达到高效的非实物形态理念展示。其中，对于“网络”类别的使用，主要在于网络收视终端的数字化声、光、电、图像、语言文字信息。院校文化载体作为教育价值取向的关键所在，其中包含办学理念、办学目标、办学特色、办学风貌等内容，并且不同程度地渗透进学校的学习工作之中，这恰恰是学校教育追求的核心所在。

通过这些无形的形式，让老师和学生在悄然生息之中提高自身综合能力和优良素质，特别是对于学生来说，这样的文化渗入方式，对于他们的影响是巨大的，积极的，不可或缺的，增强了精神力量，树立正确三观，培养理想的树立，塑造人文精神、创新职业能力。当学生步入社会时，可以更快更好地适应工作和生活。对于院校文化形态育人载体的开展工作，要特别强调“网络”的主体性，在此之上进一步加强现代非物质载体的作用。

现在，人们在这方面还有所欠缺，主要表现在网络载体始终缺乏专业性，对于信息流传播与反馈活动，一般采取“双向互动”乃至“多向互动”，使得整个过程难以控制，容易造成学生的虚拟世界与现实世界不平衡问题。为了避免这类问题的出现，人们应该扬长避短、因势利导，转消极因素为积极因素，从而更高效地达到文化育人目标。

（二）校企融合文化形态

建立一种校企融合方式，以院校与企业合作办学、合作育人、合作就业、合作发展作为高职教育改革发展根本目标。为了实现“文化育人”这个根本目标，必须要加强行业、校企的结合力度，而且这种形式已经取得了实质性效果。根据成功应用的证明，可以知道校企融合文化育人载体包括：

(1)“订单共育”。企业针对岗位的需要，向院校传达所需人才规格和德能标准。院校根据要求，形成“订单式”的教学工作，提高学校的教学目标，方便学生的就业准备工作，甚至对于学生可以直接进入该订单企业工作，减轻了学生的就业压力。

(2)“厂校互渗”。讲究学校教学工作的具体实践性，将专业技能实训中心、教学生活设施移到工厂，也就是所谓的“厂中校”，方便了企业生产线、检测线、文化理念与院校教育相互渗透，相互融合，达到所谓的“校中厂”。这两种形式的产生，真正实现校企融合，充分加强学生的实践应用能力。

(3)“基地互认”。院校把合作企业当作科研、实习、就业场所，企业把院校当作高技能人才训练的场所，这样的合作方式方便了学校和企业的育人交流工作，有利于两者之间的取长补短。

(4)“工学交替”。学生在进入合作企业训练的过程中，进行现场教学、轮班交流、边学边做的学习方式，让学生的学习和工作高度结合。

(5)“国际合作”。院校加强汲取国际教学经验方法，对于国际上的优良技术积极采用，有利于学生训练培养，使得整个学习结果朝着更高效的方面发展。

(三) 社会层面形态

社会层面形态主要突出学生以实习、就业、社会实践活动为主的活动中，所涉及的社会化文化载体。关于这个方面，主要包括：①富有教育影响力的社会公共文化载体，例如博物馆、纪念馆、文物旧址、革命圣地；②富有雅俗共赏性，集娱乐、趣味于一体的文化载体，例如小品、相声、小说、车贴；③随处可见的生活空间俗文化载体，例如饮食文化、饮酒文化……虽然上述方面都是不同的，但是它们都在强调“文化自觉”，其中建立工作者和宣传人员对文化有深刻了解，他们正视、理解、整理、传承文化和历史，在尊重历史之上，加强文化理念的创建工作，加强氛围的强化工作，注重学生的心态潜移默化性。在社会课层面取得这些成就的同时，人们应该清楚地看到，对于其形式的表现，不可避免地流入一些低俗文化。因此，有关部门有必要加以重视。

二、建设要略

高职院校文化育人载体建设，要体现以服务为宗旨，以就业为导向，产学研结合的职教理念，形成“以校为主、校企渗透、校社交融”的文化育人载体共建机制。

(一) 校园景观与校史校情

随着我国高职院校逐渐发展，“以校为主”的文化育人载体建设，可以分成三个部分：①校史文化传递。加强学校的校史展览室、荣誉陈列室等场所的使用度，加强对于校园网等现代教育手段的宣传效果，其中特别强调学校的“创业史”“发展史”，还可以加入学校老领导的亲身创业经验讲授课，让学生更加了解学校，加强学生的荣誉感。②校情文化感知。加强学生对于学校景观的关注度，发现其中校园风貌、文化景观、教学设施变化，在变化中体会发展不易，创业困难，进而培养学生的上进心。③校园文化体验。注重院校文化的熏陶工作，进行潜移默化的具体措施，例如碑牌石刻、簇锦花坛、光电屏幕……这些举措都是学生在学校生活中随处可见的物件，如果将院校文化安置在这些地方，那么学生可以在不知不觉的学习过程中得到熏陶。此外，这种熏陶效果的取得，还可以进行“文化艺术节、体育节、德育节”等主题活动，还可以提高学生的积极性，自觉感受文化能力。

（二）校企合作与文化互认

“依托行业企业办学”，是高职教育与其他教育工作的最大不同。所以，必须充分利用这个特点，加强学校和行业企业的连接关系，投入更多的精力到“校企渗透”式文化育人载体中，通过这样的设身处地形式，让学生直接参与企业的生产工作，提高学生的认知度；加强这方面的工作，必然成为高职教育的工作重点。在这个过程中需要注意：①企业文化培养。高职院校要注意企业文化的渗透教学，特别是对于一些优秀企业文化的教学开展，注重加入其中优秀管理理念、优秀工程案例，可以使得学生在学习过程中感受到未来就业的需求。②企业师徒帮教。在校企合作过程中，关注下厂实训、顶岗实习，加强学生和车间师傅的关系连接，达到“师徒”效果。通过建立这样的关系，学生可以在师傅帮助下，得到教技能、传技艺、解困惑、育人品的能量。③企业技能认定工作。注重学生的职业技能大赛或专项技能训练，其中提高自身的技术水平，实践能力，以“获得国家或行业认可的技能鉴定等级证书”为方向，不断要求自己，使自己朝着“高端技能型”人才迈进。④企业精神培养。在校企合作平台之上，加强学生企业意识，在活动过程中感受企业文化，为了共同目标与身边的人进行合作、增强团队意识、增强社会责任意识，对于学生面对以后就业中所需要的企业精神具有重要意义。

（三）教育基地与行业典范

对于“社会课形态文化育人载体”方法的运用，需要特别强调标杆作用。强调导向育人、德育教人、行业汲取三方面效果，使得“学校教育”和“社会教育”高度结合。这样的结合方式对于教育成果是极其有利的，其中要特别强调“针对性”工作的开展。下面将对涉及“针对性”工作进行具体描述。

1．以爱国主义为核心的民族精神教育

强调社会公共教育基地的教育性。例如邓小平题写馆名的“八路军太行纪念馆”，这个基地生动地向人们表现了当时八路军为了民族，为了国家誓死拼搏，浴血奋战的决心。这样的基地教育，有利于人们树立强烈的民族意识，培育爱国情怀，形成以爱国主义为核心的民族精神。

2．以改革创新为核心的时代精神教育

强调行业典范单位的创新性。例如山西潞宝集团经过不断创新发展工作，使得循环经济产业卓有成效，达到“企业建在森林里，森林里边找企业”的生态园林型企业建设要求，其成果提高了企业的环境要求，使得企业经济发展与社会生态发展同步，甚至两者彼此促进。所以，将行业作为改革创新教育目标场所。

3．以促进高职学生就业为导向的艰苦创业教育

强调名人名址的教育意义。例如全国著名劳模申纪兰，身居高位抛弃荣华，选择居住山区艰苦创业。这样的精神受到人民群众的尊敬。如果把她的人生经历讲述给学生，将她的艰难创业历程道予学生，学生也会从中体味到艰苦创业与成功的必然联系，以此增强学生的创业信心和决心。

三、建设价值

高职院校探索建设多样化的文化育人载体，旨在为培养高端技能型人才提供物质架构和理念支撑，实现文化育人的价值目标。

（一）提升文化涵育，陶冶学生品行

“高端技能型人才”指具有高超技艺、精湛技能的人，但是在此内容之上需要加以补充，例如经创造性劳动为社会做贡献。基于这样的目标要求，需要高职院校文化载体育人注意：①培养学生个性化。对于学校学生的教育工作开展，要以学生为中心，不要过度将所思所想强加到学生身上，让课堂活跃起来，让课堂充满学生的笑声。在这样的学习氛围中，学生更容易明白自己的学习取向，更容易激发学习兴趣；有利于培养学生的职业道德、职业精神涵养、综合能力。②增强技能。对于学生的工学结合实践过程，既要强调文化的双向性，也要注意学校理论知识和具体应用的适应性，强调“生产性实训与顶岗实习一体化”技能培养手段，大力倡导学生的技能培养工作。③提高学生的学习自主

性，积极性。通过一系列文化活动，增强学生的学习兴趣，让学生对职业产生强烈的探知欲望，投入“天将降大任于斯人也”的想法，努力拼搏，坚持不懈，朝着目标一点点进步。

（二）凸显德技要素，增进师资品位

培养高端技能型人才，教师的“德”与“技”在一定程度上影响学生的培养。①增加教师的敬业度。树立教师的职业认同感，增加教师自我认同度，让教师在工作中感受育人的快乐和幸福。②重视教师基本工作。利用校企文化交融交流平台，大力促进教师的培训工作，增强教师的专业知识应用能力和工程实践能力。③增强教师育人能力。加大培训力度，培训场地的开展，例如企业成立专业教师实践基地、学校成立教学名师工作室、加强师德师风培养工作、加强教学科研建设……在这些举措中提高教师的实践能力，提高专业性，以更高的能力投入培养工作。

（三）传承经典文化，打造院校品牌

建设文化育人载体：①注重“自挖潜力”“社会资源”相结合，调整相适应的文化育人环境，朝着教学设施、实习实训基地工作出发，注重收入分配工作，加强其与教育教学的联系；②注重“动态控制”“内涵提升”相结合，注重学校的办学信誉，完成“校企渗透”“校社交融”，在这些工作进程之上加以校企合作，创新办学模式，在这两项举措之上扩大学校的积极影响力，扩大学生的生源地；③注重“制度建设”“过程监督”相结合，注重学校管理工作，建立与之相关的规章制度建设，强化质量监督，辅之形式各异的方法技巧，努力增强学生的综合应用能力。

第四节　基于高技能人才培养的高职院校文化建设研究

大学文化是彰显高校本质特征和内在精神的标志。作为区别于普通高等院校的高职院校，长期以来在大学文化的主流话语体系中似乎没有一席之地。谈及大学文化，北大清华等名校的文化风貌飘然而至，仿佛就是大学文化的代言，而高职院校的文化却从未能进入公众的视野，整个群体几乎都处于失语状态。这一局面的形成，自然可归结于高职院校发展历史相对较短、是新生事物等原因，然而更核心的原因在于高职院校长期以来忽略了自身的文化建设。

一、高职院校文化建设的根基与归宿

（一）高职院校文化建设的根基

文化的发展是人类的全面发展，将人类作为文化发展的起点，并立足文化建设宏观定位，对于高校来说，核心任务是培养人才。学校文化具体体现为人才的目标定位，一定程度上反映了学校的人才观，是学校通过什么途径及方式，培养人才的基本价值观，是对人才培养的基本标准及规范。

广泛的适应能力、优秀的创新能力、高超的生产技艺及工匠技术等，是高职院校培养高技能人才的基本特点。该培养范围涵盖具有高级技工、技师及卓越技能的技术技能劳动者。因此，高职院校对高技能人才的培养，其中的职能具有一定统领作用，这说明文化建设围绕高技能人才的培养，开展相关工作。

高职院校通过展开校企合作及产学融合的方式，对高技能人才进行培养，使得文化建设兼具企业文化及产业性。换句话说，学生不再是在理论的海洋中游荡，而是将文化放在教育和产业中间，使得文化建设具有产业及教育双重属性，从而使得学生脱离原来的象牙塔式文化，转向校企融合氛围中，以此使得学生在掌握理论文化的同时，拥有高级技能，创造出一种富有学校及企业文化的双重特质，培养出区别于白领甚至金领的高级人才。

（二）高职院校文化建设的价值归宿

文化的差异化，体现于各种层次及场域，是其魅力所在。文化最为避讳同质性，没有任何特色等于没有任何价值。如一些本科类院校，奉行学术至上，弱化行政干预，这种浓厚的文化气息离不开对历史文化的传承及对学术价值的追求，与之相反，高职院校则更加强调大学文化的共性特征，放大高职教育独特属性，打造出不同于一般性大学文化建设的差异化。

从目前来看，培养高技能人才是高职院校文化建设的出发点，其中通过服务发展、促进就业、提高质量作为其文化建设的方向引导，融合学校、社会及其他行业及区域力量，打造出别具特色的校园文化。这种文化特色的打造，可从精神、物质、制度及行为四种文化层面展开建设。①精神文化。兼具高等教育及职业教育中，追求科学民主、重实践技能的职业追求；②物质文化。突显高职院校教学特色，使得职业特性及高等性得到具体体现，从而专业技能、生产一线及职业领域三个层面物化学校的教学特色；③制度文化。不仅注重产学研合作，还坚持严禁治学及治校原则，从而提供更多的跨界保障；④行为文化。坚持高等教育特性。大力提倡职业性及实践性，使得学生体现出大学的文化内涵及企业品质。

总之，高职院校这种多重特色文化，使得校园文化建设优势凸显，其具有极强的发展生命力。

二、高职院校文化建设存在的问题

文化建设是一个渐变过程，历经探索、发现、完善、升级及净化，可谓过程反复上升。校园文化是在传统基础上，经过现代化发展而呈现出兼容并包的文化魅力。多数高职院校均源自中专或技校，发展时间短，文化内涵相对薄弱，教学者迫于教学压力，将大量精力放在教育规模扩展方面，而无暇顾及文化建设。其实，高职院校发展飞速的过程中，创造了巨大的价值，但是却将文化束之高阁，缺乏一定成就的文化建设。

近些年，文化建设被高职院校提上日程，也积累了一定经验。但是，整体上仍处于发展萌芽阶段，其中体现最明显的是高职教育的特色不突出，尚难以达到培养高技能人才这一关键目标。

（一）脱离“人才培养”之纲

如今的高职院校，在经营方面经验较为欠缺，规划并没有在一定合理范围内，一些系统架构及文化建设的核心目标不够明确，导致迷失了文化建设方向，高职院校文化也难以为继。

高校在开展文化建设过程中，并没有合理的布局及规划，仅依靠一些学生团体、二级分院及相关专业等收效甚微的活动，不足以形成更好的文化建设，学校特色体现的不是很明显，可以从如下方面可知：①缺乏创新的文化活动，这种活动具有一定政治性，也是需根据国家及党的动态组织相关活动，造成活动形式少，不能引起学生参与兴趣；②关于学生社团活动。这种活动旨在体育娱乐，多以自娱自乐的形式出现，一定程度上可以吸引学生参与，但是，还远远不符高校对高技能人才培养目标；③学校出现一定的文化组织管理、未将其放在宏观层面进行深思，没有进行战略思考，甚至没有明确学校办学方针及培养高技能人才目标等，是个别院校将思想政治教育混淆为学校文化，局限在教室与学生在娱乐方面的文化氛围。此外，一些院校购置设备、大兴校舍、扩展校区，貌似一番兴盛景象，恰恰反映出精神极度匮乏，文化发展落后，没有现代化高校的气度。

总而言之，高职院校因缺乏相关政策性引导，导致其文化建设的重点工作、基本建设原则等方面相对匮乏，造成高职教育在区域及行业中的经济发展受阻，只要充分激发高校的文化创新活力，积极发挥政府、行业及学校的主导作用，协同企业共同建设，才能实现高校对高技能人才培养的核心目标。

（二）失却“技能立身”之目

文化建设在高职院校中具有十分重要的作用，其中核心是对高技能人才的培养，并将技能作为培养人才的基本目标。然而，反观如今高职院校，在文化建设层面并没有形成一种规范的实施办法，仅是过于强调高等性，而弱化职业性，导致校园文化建设没有自身风格，趋同于一般同类院校，跟风严重。具体表现在有关高技能人才培养相关文化内涵出现大量误解，没有形成一定认知，造成历史传统、文化特色及专业优势等方面缺失，从而违背学校在企业、产业及区域等文化方面的发展规律。

根据高职院校发展规律而言，其办学基础、专业设置、服务对象及区域等应当区别于本科院校，并表现出别具特色的风格，但是由于认知出现了错位，造成文化建设过于注重一些普适性和表层结构，对一些独特性及深层理念置若罔闻，最终“泯然众校矣”。

此外，存在将高等性文化建设放在不重要的位置，而过于注重职业性，生硬地将企业文化引入校园文化建设中，导致在缺少对企业文化吸纳、融合并改造意识及能力，高校的文化建设偏离了培训文化方向，使得校园文化建设流于形式，从而使得高职院校不仅缺少企业文化灵魂，还失去大学文化的特色。

（三）缺失“文化育人”之基

为了避免高职院校文化建设误入工具化歧途，将高职学生的人文情怀及基本素养作为学校职业技能培养的基础，且两者在高技能人才培养中发挥着十分重要的作用。

高职院校培养高技能人才的过程中，过于看重培养人才的实践性，强调就业，使得高技能人才的文化培养相对缺乏，尽管学生得到了坚实技能基础，但是由于缺乏人文意识及素质教育，重在对实践能力的培养，从而失掉大学德育为本的实质。

在一些高职院校中，甚至出现将文化建设作为宣传工具，为校园文化竞争服务，缺乏立德树人之根本，将有利于创建特色文化的载体、拓展维度及搭建平台等方面束之高阁，严重偏离了高职院校培养人才的目标；有的院校则一味追求赛事安排，将大量人力、物力及财力放在为少数师生服务上，无视全面培养高技能人才培养的根本目标，甚至在竞赛活动一度出现售卖产品的现象，彻底违背高校文化建设的初衷，成为企业争名逐利的工具。

三、高职院校文化建设之路

高职院校的文化建设，并非一蹴而就，而是一项系统工程，它以高技能人才培养作为文化建设核心，以学校特色及本质属性为出发点，融合企业、行业、区域及学校等不同文化，通过战略布局，创建有效机制，对主题活动加以强调，从而对文化建设工作不断进行实践探究、沉淀优化，最终完成高职院校的文化建设过程。

(一) 以顶层设计思维，构建服务于高技能人才培养

所谓顶层设计，是从整个战略布局出发，对全局进行谋划布局，充分调动各要素，发挥其最大化优势。对于高职院校而言，坚持“高技能人才培养”为核心目标，携手政府部门相关领导、企事业代表、文化节名人及教育界专家等，共谋文化建设，创建文化体系，实现高校培养高技能人才的目标。

1. 文化引领的办学理念

学校健康发展的基础是办学理念，这种理念统领学校文化建设，发挥着一定指导作用。师生群体的特殊性因高职院校中办学时期、服务面向、隶属关系及办学区域的不同而不同。所以，基于师生实际所需，通过途径办学、办学原因、培养人才类型及学校办学定位等问题探讨，正确树立学校文化建设发展观、人才观及价值观，从而创建学校文化。事实上，文化建设不仅能够有效促使学校对特色发展、育人发展及文化内涵等不同方面的专注，还能够文化育人，传承特色创新文化。所以，树立文化引领、特色发展、务实创新及育人为本的办学方针，有效增强师生的凝聚力，创建出特色的校园文化。

2. 自主创新的精神文化建设

创建自主创新的精神文化，需要高职院校融合区域、企业及学校三种文化，具体从以下三个方面开展：①师生代表在以最新价值导向的学校活动中，创造的现实成果得到弘扬；②宣传师生代表先进事迹、学校教育思想及价值观念等优秀成果；③体现学校的校歌、校徽、学风、教风、校风机校训等系统标识。通过以上手段，加强培养自尊、自强、自立自信及创业创新、求真务实、志向高远的高职文化。

3. 成事成人的文化育人机制建设

企业与学校不同，前者以市场为导向，追求批量产品的合格率，一旦合格便被认为企业已经成事；后者则是以培养人才为根本，培养学生毕业仅是一个阶段，后期仍有可塑空间。所以，高职院校的人才培养应当摒弃一味重视高技能的培养，将以人为本作为其基本的育人理念，从社会公民、企业职员、高校学生等不同层面办学，创建“素质+技能”的综合性培养方案，进而使得区域、企业及学校三种文化体系构成高校技能文化培养课程，使得学生的专业技能、文化素养得以高校提升，从而培养出高素质、高技能人才。

4．敬业创新的环境文化建设

加强区域、学校及企业之间的紧密联系，在高校中创建 景观、图书馆、建筑等不同方面的建设布局，使得传承性、先进性及现代性得以凸显；加强人才实训场景建设，通过“校中厂”的建设格局，引进一些龙头企业的技术标准、责任意识及经营理念等，凸显其先进性及代表性。

增强校企合作，搭建育人平台，优先考虑创建一流的实训设备，引入行业及企业的工作氛围到高职院校中，进行生活场景模拟，从而使学生的职业观及价值得到熏陶，更好地适应企业工作环境。

5．崇能尚技的文化建设制度

在高校文化建设中，规章制度不仅反映了学校教育、人才及价值三观，还是师生在民主管理、行为规范及共同远景的要求，将高技能人才培养作为制度文化建设的核心，充分借鉴企业的制度文化建设，是高职院校当下的重要任务。通过与先进企业及区域经济社会文化相互融合，实行“6S”管理文化及日常“三班制”，开展产学研深度合作；以学技能、创业绩、做贡献、获进步作为激励导向，创建内部分配制度；为了体现民主机制，创新师生守则，使其倾向于企业的精益求精及爱岗敬业的职业操守，从而有效提升师生“职业公民”的素质修养。

（二）建立凸显职业性、技能性的文化建设机制

高职院校相较于本科院校，有着不同的文化建设理念。前者以高技能人才培养为核心，对于文化建设不能忽视，后者则重在立德树人。但是，高职院校兼具技能、职业两种文化，这种文化的多元特质，需要通过创建一种长效机制，完成预期目标。

(1) 以学校精神为传承基因，打造核心技能文化，打造特色名牌。办学竞争从表面上看是品牌、人才的竞争，其实是文化竞争，尤其在高职院校的特色文化建设中，应当以职业教育的本源价值为出发点，兼具人文及科学精神，凸显实践性及职业性。对高校文化建设质量的要求，需重点打造特色，从当前出发，传承历史，通过师生实践力量进行深化，比如通过举办社团文化节、读书文化节及技能文化节等不同形式的活动，全面激发学生的参与兴趣，有效提升其文化素质及专业技能，使得学生的人格和品质得到完善，打造出文化品质名校。

(2) 基于多元化文化特质，遵循高职教育规律。将立德树人、产教融合作为基本办校理念，使得师生建立起整体推进、全员共建的文化建设思想，联合相关文化机构，打造规划、管理及协作的联动机制，将师生队伍培养成一支具有素质高、创新意识强的管理队伍，充分发挥师生社团作用。同时，携手企业、

行业及政府力量，创建文化共享平台，融合区域、学校、行业及企业各种文化，从而创建新的方法和渠道，培养实践能力及创新精神，培养出全面发展的高技能人才。

(三) 彰显“技能立身、文化育人”高职文化特色

高职院校文化建设必须强化“活动育人”，将教育目标寓于活动组织当中，让技能特色成为高职院校的独特文化属性。在这一过程中，高职院校除了重视组织政治性和纪念性主题活动之外，还应进一步搭建技能文化的平台和载体，将技能文化氛围散布在各种主题性活动当中，使学生耳濡目染，时刻受到技能文化的浸染、熏陶。

1. 高职文化大讲堂

大讲堂是学生的文化盛宴。高职院校应从自身实际出发，重视发挥特色文化引领作用，邀请教育专家、行业权威、企业领导、文化名人、技术能手、杰出校友等作专题报告。阐述社会形势，畅谈创业历程、宣传成才事迹等，通过互动深化，培育学生的归属感、荣誉感、责任感、方向感，引导学生找准定位，增强自信。

2. 职业素质教育基地

高职学生专业指向性强，就业区域化明显。区域历史文化故迹、名人纪念馆、企业文化示范单位等，是学校“文化育人”的重要资源，是素质培养的重要基地。学校应当引导学生了解、感悟区域行业、企业的优势特色等，把握审美和道德意义，增强认同感和荣誉感，激发自豪感和责任感。

3. 培育技能创新型社团

“实践锤炼”对成长成才至关重要。学校应引导学生组建“自主管理、学研结合、强化技能、创新发展”的创新型社团，以项目为导向，鼓励学生专业学习、社会实践和科学研究相结合，深入行业企业、周边院校、街道社区等，参与或协助解决基础性难题，培养学生注重观察、勤于思考、乐于动手、善于合作的习惯和能力，实现在“成事”中“成人”。

4. 举办技能文化节

“技能文化节”是学生展示技能的舞台，是社会了解学校的窗口，是企业深化合作的桥梁，更是学校检验成果的载体。学校应定期举办此类活动，实现政府、行业、学校、企业的协同办学。比赛项目应体现学校专业重点和特色，

以企业真实或仿真场所，在职业环境中实施。企业通过项目冠名、拟订方案、提供资金、专题讲座、现场服务等形式参与其中。可以将比赛项目与职业资格考试结合在一起，由政府职业资格鉴定考评员担任评审，部分获奖学生可取得相应的职业资格证书等，以激发学生兴趣和热情，形成“竞技、精技、乐技”的技能文化氛围。

参 考 文 献

[1] 陈克．优化高校育人环境营造创新人才培养氛围[J]．黑龙江高教研究，2002(4)：145-147．

[2] 尤学文．文化育人[M]．银川：宁夏人民出版社，2015．

[3] 白静．高职院校文化育人的理性思考与实践研究[D]．西安：西安建筑科技大学，2013：23-30．

[4] 陈献礼．国家职业标准与高职高技能人才培养[J]．职业技术教育，2006，15(34)：48-50．

[5] 贺修炎．高职院校高技能人才培养模式的构建[J]．高等工程教育研究，2009(3)：121-126．

[6] 徐美艳．以就业为向导，高职人才培养研究[M]．长春：吉林大学出版社，2008．

[7] 董刚，杨理连．高职教育高素质技术技能型人才培养质量研究[J]．中国高教研究，2012(9)：25-27．

[8] 程刚．新时代高校文化育人途径探析[J]．思想理论教育导刊，2018，238(10)：152-155．

[9] 王益宇．高职高技能人才培养的调查与思考[J]．中国高教研究，2009(2)：18-21．

[10] 古志华．新时期高职院校文化建设的基本着力点探析[J]．职教通讯，2013(14)：13-15．

[11] 朱琳，方守湖．教育自觉视角下推进高职技能人才培养研究[J]．成人教育，2013(3)：64-65．

[12] 冯楠，黄鋆．美育与德育融合的高校育人途径研究——以“悦雅计划”

为例[J]. 中国青年研究，2013(8)：106-108.

[13] 高红星. 家校合作：高校育人的重要途径[J]. 中国成人教育，2008(13)：12-13.

[14] 马义荣. 对高职院校培养高技能人才的思考[J]. 中国高等教育，2004(11)：37-38.

[15] 孙琳. 高技能人才培养与高职教育发展问题[J]. 职教论坛，2012(13)：6-9.

[16] 郭扬，张晨. 基于“高技能人才”培养目标的高等职业教育课程目的解析[J]. 中国职业技术教育，2008(27)：41-45.

[17] 何应林. 高职院校技能人才培养目标确立的依据与程序[J]. 职教论坛，2015(27)：31-35.

[18] 高宏赋. 高等教育普及化趋势下民办高校文化育人路径探析[J]. 中国成人教育，2018（1）：52-53.

[19] 冯国芳. 以人为本：高校育人的根本教育观[J]. 教育探索，2005(8)：90-91.

[20] 贺修炎. 论高职院校高技能人才培养的校企双向互动合作模式[J]. 教育与职业，2008(14)：21-23.

[21] 蒋波. 创新技能型人才培养与高职院校教学改革[J]. 职教论坛，2012(15)：31-33.

[22] 程胜军. 建设特色校园文化优化公安高校育人环境[J]. 中国高等教育，2007(19)：25-26.

[23] 匡瑛，石伟平. 高职人才培养目标的转换——从“技术应用性人才”到“高技能人才”[J]. 职业技术教育，2006，27(22)：10-11.

[24] 李呈，陈旻. 空间融合情景下网络文化育人机制创新构建的基本路径[J]. 思想教育研究，2018，291(9)：102-106.

[25] 李河水. 高职院校文化育人载体建设及其价值探析[J]. 学校党建与思想教育，2013(10)：80-82.

[26] 刘跃华，周晓梅. 论实验室在高校育人环境中的优势作用[J]. 重庆大学

学报：社会科学版，2004，10(4)：160-162.
[27] 邵捷.文化育人的时代内涵及其现实意义[D].长春：长春工业大学，2013：15-16.
[28] 贺修炎. 高职院校高技能人才培养：问题与对策[J]. 高教探索，2008(1)：116-118.
[29] 蒋恕，王华.现代科技革命条件下高校育人模式改革的思路与对策[J].科技进步与对策，2003(s1)：168-169.
[30] 程肇基，李亚英. 岗位体验教育：高校育人职能空间的拓展[J]. 教育探索，2005(3)：23-30.
[31] 范玫，李荣梅，范美. 试论高校育人环境——大学校园文化[J]. 现代教育管理，2002(4)：14-16.
[32] 吴万敏，姚琳莉. 论行业高职院校基于行业标准的高技能人才培养模式之必要性[J]. 高教探索，2010(6)：15-20.
[33] 项红专. 文化育人：背景、意涵与路径[J]. 教育科学研究，2018，281(8)：15-19+25.
[34] 肖坤，卢红学. 高职技术技能型人才培养模式研究[J]. 教育与职业，2013(14)：19-23.
[35] 薛叙明，曹红英，赵昊昱. 高职人才培养与国家职业标准的对接研究与探索[J]. 职业技术教育，2014(2)：75-78.
[36] 杨飞. 大学文化建设：问题·目标·路径——基于供给侧改革的视角[J]. 江苏高教，2018，209(7)：53-56.
[37] 翟向阳. 论高职教育突出高技能人才培养的目标定位[J]. 职教论坛，2005(6s)：17-20.
[38] 张大然. 高职人才培养模式的改革与高技能人才的培养[J]. 教育评论，2007(2)：49-51.
[39] 张久献. 新时期高校育人环境建设是大学生素质教育的重要途径[J]. 兰州学刊，2005(4)：315-316.

[40] 赵欣，李美丽．高等职业教育技能型人才培养模式浅探[J]．中国职业技术教育，2011(11)：45-48．

[41] 丁冬生．高校文化育人的效应及其实现研究[D]．华东师范大学，2014：12-18．

[42] 潘荣江．基于高技能人才培养的高职院校文化建设探析[J]．教育发展研究，2014，34(07)：55-59．